タモリさんに学ぶ 「人生のたたみ方」

70歳からの「しばられない生き方」のすすめ

心理学者・立正大学客員教授
内藤誼人
Naito Yoshihito

廣済堂出版

まえがき

総務省統計局のデータでは、２０２２年9月15日時点で見ると、総人口に占める65歳以上の高齢者の割合は29・1％。日本人全体の10人中３人がお年寄りだということになります。とても多いですよね。しかもこの傾向は、今後もますます進むだろうと予想されております。

そんな時代であるからこそ、今から「素敵な老後」を過ごすために、あれこれと考えておく必要があります。今は若くとも、安心してはいけません。だれでも年をとるのですから。

お年寄りになって、あわてて何かをしようとしても手遅れ。**若いうちから、老後を見据えた準備が絶対に必要**なのです。

では、どうすれば素敵な老後を迎えることができるのでしょうか。

そのためには、すでに素敵な年のとり方をしている人の考え方や行動などを参考にさせてもらうのが一番の方法です。そういう人を「お手本」（ロールモデル）にして、その人の言動や思考を自分でも真似するようにすれば、読者のみなさんも素敵な老後を過ごせるようになります。

本書では、だれにとってもお手本となる人物としてタモリさんを取り上げました。

タモリさんは、いつでも気楽に、陽気に、明るく、飄々《ひょうひょう》とした生き方をしていますよね。

失礼を承知で悪く言えば、「いいかげん」に生きているわけですが、タモリさんの言動や思考法は、私たちにとっても非常に役に立ちます。

どういう年のとり方をすればよいかのお手本として、タモリさん以上の人はいません。

そこで本書では、タモリさん自身が雑誌のインタビューで話していることや、タモリさんと親しく付き合っている人たちが証言していることなどから、**「成功するエイジングの秘訣」**のようなものを探っていきたいと思います。

「なるほど、こういう考え方をすると、ストレスを溜め込まずにすむのだな」
「なるほど、そう考えれば、悶々《もんもん》としないですむわけか」
「ふぅん、こうすれば長生きできそうだな」

本書をお読みいただければ、年をとっても役立つ知識や思考法をきちんと身につけることができるでしょう。

私が心理学者ということもありますので、できるだけ科学的な根拠も説明するように心がけました。**タモリさんの生き方がすばらしく、だれにとっても参考になることには、心理学的にもきちんと根拠があることを知ってもらいたかった**からです。

それでは、前置きはこれくらいにして、さっそく本論に入っていきましょう。どうか最後までよろしくお付き合いください。

タモリさんに学ぶ
「人生のたたみ方」

CONTENTS

CONTENTS ―― タモリさんに学ぶ「人生のたたみ方」

第2章 タモリさんに学ぶ 心も身体も疲れない自分のための生き方

第3章 タモリさんに学ぶ しなやかに生きるための究極のストレス解消術

第4章 タモリさんに学ぶ 誰とでも気楽に付き合える老後の賢い社交術

第5章 タモリさんに学ぶ 年をとってからのストレスフリーな仕事術

タモリさん
に学ぶ

第1章

「人生の後半」を
ラクに生きる
思考法

どんなことでも面白がる姿勢が大切

タモリさんは知的なイメージのある人ですが、実際に知的な人なのだろうと思います。なぜなら、普通の人にとっては「くだらない」と一蹴《いっしゅう》されてしまうようなことでも、面白いと感じるからです。

「どんなものでも面白がり、どんなものでも楽しめる、これは知性が絶対必要だと思う」
（『an・an』1984年9月21日号 p73）

なんにでも興味を持って、どんなことも面白がる心を持つことが知性なのだとタモリさんは考えているようですが、カナダにあるランガラ大学のジェフリー・ウェブスターも「知性」に関してはつぎの5つの要素が重要であると指摘しています。

●経験……いろいろな経験をすること
●感情……自分の感情に敏感であること
●レミニセンス……これまでの経験に照らせば、今の状況でも大丈夫だと思えること
●オープンさ……新しいことに積極的に取り組むこと
●ユーモア……失敗しても笑い飛ばせること

タモリさんの定義と非常によく似ていることがわかります。

どんなにくだらないと思うようなことでも、積極的に取り組んでみることです。「そんなの時間と労力のムダだよ」と考えるのではなくて、なんでもやってみるのはよいことです。どんなことをしても、そこから必ず何かを学び取ることができ、それが自分の知性を高めてくれるのですから。

「お金にならないようなことはしたくない」という人もいるでしょうが、そういう考えで行動していると人生が味気なくなってしまいます。

お金になろうがなるまいが、なんでも面白がってやってみるといいですよ。いろいろな経験を積むことは、知性を高めるのに役立ちますから。「人生の肥やし」になるのですから、

決して損にはなりません。

私は大学の客員教授をしておりますが、客員教授というのはカッコいい肩書ではあってもお金をそんなにもらえません。講義のために資料を読んで準備をしたり、試験の採点をしたりという時間も含めると、マイナスになってしまうほどのお給料なのですが、それでも私は楽しくやらせてもらっています。

テレビやラジオのお仕事もそうで、ほかの文化人の方は知りませんが、雀の涙のような謝礼しかもらえないのです。けれども、面白い経験ができそうだと感じて、そういう依頼があったときには私は喜んで引き受けるようにしています。

何でも面白がってやってみることです。仕事の雑用だって、**面白いと感じてやれば、いろいろなことを学ぶことができますし、知性を磨くことができます。**

タモリさんの教え

何にでも興味を持って、どんなことでも面白がる

嫌なことは、どんどん忘れよう

大地真央さんの証言によると、タモリさんは過去を振り返らないタイプだそうです。

「ご自分の番組を録画しない、反省しない（笑）、過去を振り返らない」
（『文藝別冊　総特集タモリ』2014　KAWADE夢ムック）

タモリさんが、いつでも飄々としていられるのは、イヤなことはさっさと忘れるタイプだからでしょう。不愉快なことはさっさと忘れるに限ります。これが人生を楽しく生きていくコツです。

実のところ、私たちの脳みそは、イヤなことはさっさと忘却するようなメカニズムになっています。

米国ノース・カロライナ州にあるウィンストン・セーラム州立大学のリチャード・ウォーカーによりますと、私たちの記憶のメカニズムは、不快なことほど忘れやすいようにできているのだそうです。これはだれでもそうなのです。

「えっ⁉　私はイヤなことをいつまでも忘れられないのですが……」

そう感じる人もいるでしょう。

しかし、それは何度もイヤなことを思い出してしまうから。イヤなことを頭の中で反芻《はんすう》しつづけているので、忘却作用が起きにくくなっているだけ。

だれかに怒鳴られるとか、叱られるとか、挨拶をしたのに無視されてしまうとか、日常生活の中で「カチン！」とくることがあっても、あまり気にしないようにしましょう。

もし、イヤな思い出が頭に浮かびそうになったら、そういう思考は「もう、やめた！」と自分に言い聞かせて、何かほかのことでも考えるようにしてください。週末に何をするかを考えたり、夕飯に何を食べようかと考えたりしていれば、自然と不快な記憶も忘却されていきます。

タモリさんはというと、見事なほどにイヤなことを考えないタイプなのでしょう。イヤなことを思い出していると、気分がどんどんネガティブな方向にいってしまうことを経験的に学んだのかもしれません。

英単語や数学の公式のようなものは、何度も頭に思い浮かべたほうが記憶に定着するのですが、不快な思い出を記憶に定着させてもまったくの無益。ですから、そういうものが頭に浮かびそうになったら、「はい、やめ、やめ！」と自分に声をかけてすぐに別のことを考えるようにしましょう。

タモリさんの教え 不愉快なこと、嫌な思い出はさっさと忘れる

年を重ねたら、落ち着いた話し方を心がける

エッセイストの麻生圭子さんは、テレビに出てくるタレントについてつぎのような指摘を行なっています。

「最近のテレビ、躁病にかかってる。うるさすぎ。5人に1人はうつ病と言われるような実社会なのに。そんななかにおいて、実社会の温度を持つタモリさんは、見ている側に、安心感を与えてくれている、サーモスタットのような存在なんです」

（『THE21』 2002年11月号 p48）

私も麻生さんと同じような印象を持っています。とにかく、テレビに出てくる人たちはうるさすぎるのです。出演する人たちは、おそらく目立ちたいと思っているからでしょうか、

みんなうるさい話し方をしています。

それと好対照なのがタモリさん。

時折、大きな声で笑ったりすることもありますが、基本的には静かな物腰でおしゃべりしています。ですので、タモリさんを見ていると、こちらも落ち着くのです。

ある程度の年齢がきたら、大きな声で喚《わめ》くような話し方をするのではなく、静かに、落ち着いた声で話すようにしたほうがいいですね。そのほうが大人に見てもらえます。


一般に、内気な人と、社交的な人を比べると、内気な人は人気がなさそうに思われるかもしれませんが、それは違います。内気だからといって嫌われたりすることはありません。

カリフォルニア大学バークレー校のダッチャー・ケルトナーは、モジモジしたり、赤面したり、内気な人のほうが、人付き合いでトクをすると指摘しています。

なぜかというと、内気な人は、相手を警戒させないから。

私たちは、内気な人を見ると、「この人は自分に乱暴なことをしてこないだろう」と思うので、警戒したり緊張したりすることもありません。安心できるのです。

大きな声で喚き散らす人に対しては、私たちは警戒します。大きな声を聞くと、「ビクッ」として身体を緊張させるのです。ですので、そういう人の近くにいるときには、気が休まらないのです。

タモリさんは、内気ではありませんが、グイグイと前に出てくるようなタイプではありませんし、落ち着いた話し方をするのでやはり見る人を安心させてくれます。

英国のサッチャー元首相は、もともとはキンキンと耳鳴りがするような話し方をしていたそうですが、国民からの支持を得るためにボイストレーニングを受けて落ち着いた話し方に変えました。

声が高い人は、できるだけ低く抑えて話すようにしてみましょう。そのほうが意外に人気も出てくるかもしれませんよ。

タモリさんの教え
ある程度の年齢がきたら、できるだけ落ち着いた声で話すようにする

自分は「幸運な人間」なのだと思い込む

不思議なもので、「私はラッキーな人間なのだ」と思っていると、本当に幸運がやってきます。逆に、「うまくいかなそうだな」とネガティブなことを想像していると、本当にうまくいかなくなります。

ですので、**自分自身のことは、できるだけ「ラッキーな人間」だと思い込むようにしてください。**くり返し「私はラッキーな人」と自分に声をかけて自己暗示をかけてしまうのがポイントです。

タモリさんも、自分がラッキーな人間であると思っているようです。

「オレは自分で企てたこと成功したためしがないし、やっぱり流れにさからっちゃだめっていうことなのね」

幸運だと思い込むと、パフォーマンスも上がる

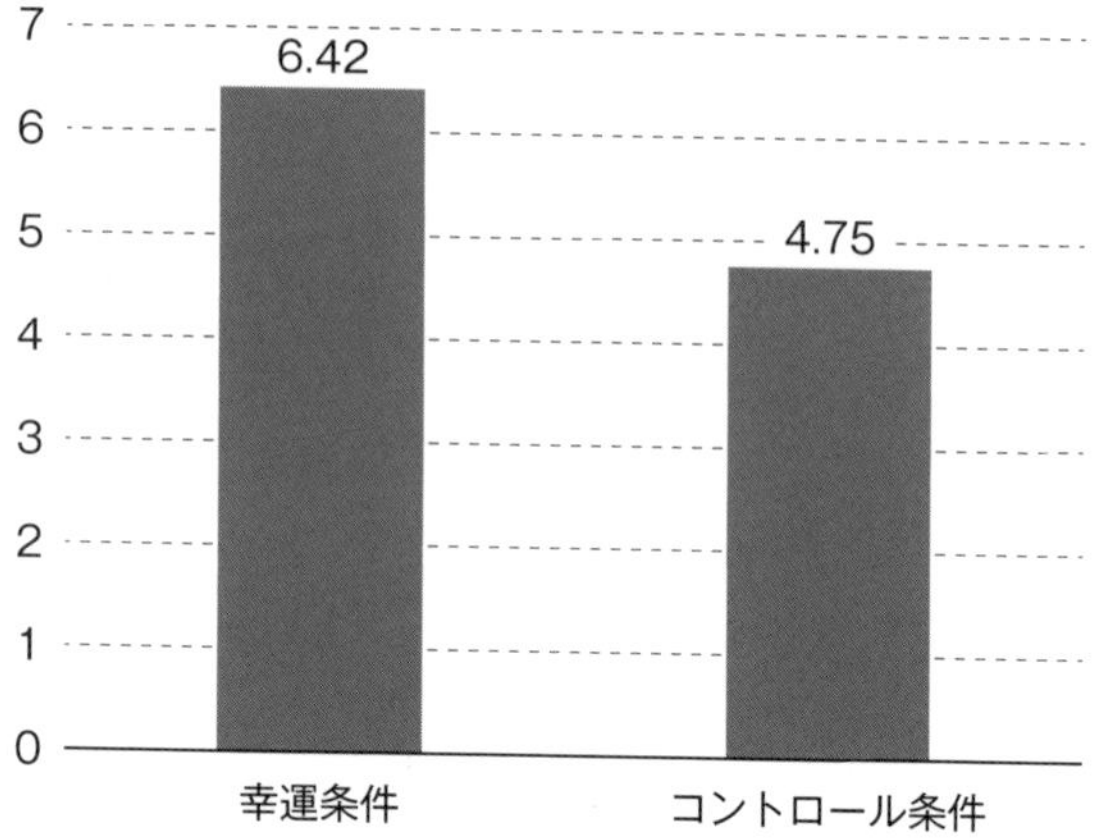

＊数値は10回中カップインした回数
（出典：Damisch, L., et al., 2010より）

（『週刊明星』 1988年3月31日号 p65）

タモリさんが芸能界にデビューできたのも、赤塚不二夫さんを始めとするいろいろな人がタモリさんを助けてくれたから。タモリさん自身にもちろん才能があったことは間違いありませんが、タモリさんの成功の裏には、「幸運に恵まれた」という大きな理由があったことはたしかでしょう。

ちなみに「私はラッキー」だと思っていると、なぜか本当にパフォーマンスも向上することが実験的に確認されています。

ドイツにあるケルン大学のライサン・ダミッシュは、ゴルフ未経験の参加者にカップから1メートルの距離のパッティングを10回やってもらいました。

なお、半数の人には、ゴルフボールを手渡すときに「いやあ、このボールはこれまでの参加者にも使ってもらっているんだけどね、パッティングが成功しやすい、とても幸運なボールなんだ」と告げました。幸運の暗示をかけたわけです（幸運条件）。

残りの半数には、「参加者全員に同じボールを使ってもらっている」とだけ告げました（コントロール条件）。

それから10回のパッティングでカップインした回数を測定すると、前ページのグラフのようになりました。

幸運を信じ込むと、ゴルフのパッティングの成功率が上がることがわかりますね。

「私はツイている」「私はラッキー」だと自己暗示をかけておけば、いろいろとパフォーマンスが向上し、それによって本当に幸運が舞い込んでくる可能性が高まるのです。

タモリさんの教え
自分は「ラッキーな人間」と思い込むと、本当に幸せになれる

反省や後悔はしないほうがいい

「笑っていいとも!」のレギュラーとしてタモリさんとずっと仕事をしてきた明石家さんまさんは、タモリさんについてこう評しています。

「タモリさんのすごいのはひとつのコーナーが済み、CMの間で切り替えできるところ。ボクらがやると前のコーナーがダメやと引きずって、挽回するまで少し時間がかかるんです。それをマッサラにできる」

(『ザテレビジョン』 1990年7月13日号 p154)

さんまさんは意外に気にするところがあるらしく、お客にウケないと意気消沈し、それをグズグズと引きずってしまうタイプだというのです。さんまさんには、そんなイメージはないので驚きますが。

ところが、タモリさんはというと、せいぜい数分間のＣＭの時間にパッと気持ちを切り替えてしまう。その思考の切り替えがまことに見事だとさんまさんは述べています。

反省なんてする必要はありません。**反省したところで、気分が滅入るだけで何のトクもない**からです。

ノース・カロライナ大学のＶ・Ｂ・スコット・Jrは、反省しがちな人（昔のこと、やりそびれたこと、失敗したことをいつまでも考えてしまう人）ほど、未来を暗く感じてしまうこと、金銭的な不安も抱えやすいこと、また無能感も高まってしまうことをあきらかにしています。


すでに起きてしまったことは、どうにもなりません。タイムマシーンが発明されれば別ですが、過ぎたことをやり直すことはできませんし、反省したところで状況が変わるということもないのです。

「過《あやま》つは人の常」という言葉がありますが、人間ならだれだって失敗をすることは避けられません。何でも完ぺきにこなせる人などいないのですから。

したがって、かりにたまたまうまくいかないことが起きても、

「まあ、そういうことだってあるだろう、人間だもの」

と軽く受け止め、さっさと気分を切り替えたほうがいいのです。

「でも、どうやって気分を切り替えるのか、わかりませんし……」という人もいるでしょうから、ひとつアドバイスをしておきます。

気分を変えるには、**「ゴムバンド法」**といわれる古典的な方法が有効です。

手首に輪ゴム（ゴムバンド）をつけておき、それを引っ張ってパンッと離しながら、自分に声をかけるのです。「よし、もうネガティブに考えるのはオシマイ！」と。

オランダにあるマーストリヒト大学のエルク・スミーツは、実験参加者にブレスレットを渡し、1週間身につけてもらいました。

もしネガティブな思考が浮かんだら、そのたびにブレスレットを片方の手首からもう片方の手首に変え、「はい、ネガティブ思考はもうオシマイ」と自分に言い聞かせるように求めました。

これをしばらくやっていると、私たちは自分を愛せるようになり、それほど悩まなくなることをスミーツは突き止めました。

反省や後悔ばかりして、重い気分を引きずりやすい人は、こういうやり方があることも覚えておくとよいでしょう。

タモリさんの教え

気が滅入るだけの反省や後悔は、する必要はない

あえて、自分の評価を少し下げる

私たちは、自分のことがかわいいので自分に高い得点をつけがちです。自分の才能、容姿、学力、自動車の運転技術など、何でも「私は少なくとも平均以上だろう」と思い込んでいることが少なくありません。

若いうちならいざ知らず、ある程度の年齢がきたら、自分に対する評価を厳しくしましょう。「あの人ってうぬぼれているよね」と周囲の人に悪い噂を流されることのないよう身を律することが大切です。

「40歳過ぎたらね、テメエのバカさ加減が見えてきて、人のことバカにしてる場合じゃないゾと思うようになった。むかしは自分が一番エライと思ってたからね。生意気なこといってましたよ。いま思うと恥ずかしい」

（『アサヒ芸能』　1990年8月9日号　p70）

タモリさんも例にもれず、若いうちには自意識が過剰でした。自分のことを厳しく見つめるようになったのは、40歳を過ぎてからだそうですが、40歳で自分の考え方を改めることができたのですから遅くはありません。

ウィスコンシン大学のエイプリル・ブレスク・レチェックは、50名の男性と49名の女性に写真を撮らせてもらい、「あなたの魅力の自己評価は何点ですか？」と聞いてみました。また、ナルシズムを測定する心理テストも受けてもらいました。

それから7名の男性と17名の別の判定者に写真を見せて、「この人の魅力は何点ですか？」と聞いてみました。

その結果、心理テストでナルシストとされた人は自分の魅力に高い点数をつけましたが、ほかの判定者から見れば、それほど魅力的でもないことがわかりました。

ナルシストの人は、特に自分に高い得点をつけがちですので、さらに気をつけなければなりません。「私はとても魅力的」などとうぬぼれていると、周囲の人の笑いものになるので注意が必要です。

自己評価については、少し厳しいくらいでちょうどいいのかもしれませんね。

自己評価があまりにも低すぎることは問題ですが、謙虚な評価をしていたほうが、笑いものになりませんし、謙虚であるということで周囲の人からはむしろ高い評価をしてもらえるものです。

「私なんて、ごくごく普通ですよ。○○だなんてとんでもない！」

と謙遜《けんそん》してみせたほうが、ほかの人の目には好ましく見えるものですから。

タモリさんの教え

自己評価を低くしておくと、むしろまわりから高評価してもらえる

人生が楽しくなるちょっとした方法

うぬぼれた自己評価をしていて笑いものになるくらいなら、謙虚なほうがいいというアドバイスをしましたが、だからといって「自己評価が低すぎる」のは問題です。

「私は世界で一番の愚か者だ」
「私のことなんて、好きになってくれる人はいない」
「私なんて、生きている価値がない」

とネガティブな自己評価をしていると、老後の人生がとても苦しくなってしまいます。こういう人はどうすればいいのでしょうか。

簡単な方法のひとつは、お酒の力を借りること。お酒を飲んで酔っ払えば、少なくとも酔っぱらっている最中にはネガティブなことも考えなくなりますし、「私だって見ようによっては魅力的なのかも?」と思えるかもしれません。

タモリさんはそうは見えないかもしれませんが気の弱いところがあるらしく、お酒の力を借りることもあるみたいですね。


「女性のいるクラブに行くときは鮨屋で一杯ひっかけてから行くんです。そうしないとあがっちゃって、ふつうの気分でいられない。［冗談をいっても全然面白くないんです」

（『MINE』1990年8月10日号 p149）


いつでも酔っぱらっているのは論外ですが、**たまにはアルコールで酔っぱらって、少しは自尊心が高くなるような気分になることも決して悪いことではない**でしょう。

フランスにあるグルノーブル大学のローレント・ベーグは、バーにやってきた19名のお客に、どれくらい自分が魅力的で、聡明で、個性的で、楽しい人間だと思うかを尋ねました。

またその一方で、アルコール検知器で血中アルコール濃度を測定させてもらいました。

すると血中アルコール濃度が高いほど、つまりいい感じに酔っぱらっている人ほど、自分はイケメンで、頭がよく、ユニークでもあり、陽気な人間だと評価することがわかりました。自己評価が軒並みアップしていたのです。

というわけで、自尊心の低い人は、たまにお酒を飲んで酔っ払ってみると、自己評価が高くなるかもしれません。残念ながらこの効果は酔っぱらっているとき限定で、そんなに長続きしないと思うのですが、一時的にでも気持ちよくなれるのであれば、悪くもないのかなと思います。

「酒は百薬の長」という言葉がありますが、**お酒は自尊心を高めるお薬としての効果もある**のです。もちろん薬と同じで用法と用量を間違えないようにする必要はあるでしょうが、どうしても自尊心が低くて悩んでいる人は、たまにはお酒を飲んで酔っ払ってもよいと思います。

タモリさんの教え

人生を楽しくするために、たまにはお酒の力を借りる

お酒でストレス解消をすることも、ときには必要

タモリさんは、小学生の頃からお酒を飲んでいました。祖父の晩酌に付き合わされていたそうです。お酒は相当に好きなようで、晩酌はタモリさんにとって欠かせないルーティンです。

「酒は毎晩飲みますよ。酒は栄養がない。栄養がないものはカロリーにならない、という勝手な理屈をつけてね（笑）」

（『With』 1991年12月号　p5）

ところで、お酒を飲むと気分がスッキリしますが、これはどうしてなのでしょう。

インディアナ大学のジェイ・ハルは、「アルコールは思考を妨害するから」と述べていま

す。お酒を飲んで酔っ払うと思考が妨害されるわけですが、その思考が自己批判であったり、ネガティブな思考だったりすると、アルコールは心理的な安心感をもたらすのだ、とハルは指摘しています。

ただ、アルコールによる生理反応だけでなく、自己暗示の効果もあるのではないか、と指摘する研究者もいます。

コネチカット大学のクリスタル・パークの調査では、お酒を飲むと「悩みが消える」「自信がつく」「内気にならない」と信じている人ほど、ストレスを減らす作戦としてお酒を飲むことが有効であることがわかりました。

「お酒を飲むと、スッキリするんだ」と信じていれば、本当にスッキリするのです。これは自己暗示の効果ですね。

なおパークの調査では、男性の55・4%がストレス解消としてお酒を飲み、女性では34・0%だそうです。男性のほうが、お酒が効果的のようです。

お酒を飲んで頭が痛くなってしまったり、逆に気分が落ち込んだりする人にはオススメできませんが、**お酒を飲むと、心の緊張が解けるとか、気分が和《なご》むとか、自信がつくと感じる人には、ストレス解消法のひとつとしてお酒を利用するのも悪いことではありません。**

私の場合、自宅でお酒を飲むことはありません。そんなにお酒が好きではないからです。ただ友人たちとワイワイと騒ぐのが好きなので、そういう状況ではお酒を飲むようにしています。

自分なりに陽気なお酒の飲み方を考えてみてください。

楽しくお酒が飲めると、ネガティブな思考も吹き飛ばせますし、ストレスも解消することができます。

タモリさんの教え

自分なりの陽気なお酒の飲み方を身につける

自分が好調だったときのことを思い出そう

プロ野球選手は、プロではあってもいつでも一定の状態を保てるかというと、そういうわけにはいきません。好不調の波はどうしてもありますし、スランプに陥ってしまうこともあります。

こんなとき、あわててフォームを変えようとしたり、新しいトレーニングを始めたりすると、かえってスランプが長引いてしまいます。**スランプに陥ったときには、本当は何もせず、スランプが過ぎるのを静かに待つのが正しい姿勢**なのです。

「番組はマンネリと言われてからが勝負ですね。マンネリと言われると普通は慌てていろんなことをやろうとする。それで失敗するんです」

（『SOPHIA』 1993年4月号 p246）

スランプになってもあわててはいけないよ、普通にしていればいいのだよ、とタモリさんはアドバイスしています。

そうはいっても、何もせずに手をこまねいてじっと待ち続けるのも大変でしょうから、心理学的にひとつ別のテクニックをご紹介しましょう。

その方法とは、**自分が好調であったときのことを鮮明に思い出すこと。**好調なときの自分はどういう服装をしていたかを思い出してください。絶好調のときにはどんなものを食べていたかを思い出すのもいいでしょう。

スポーツ選手の場合には、好調なときの自分の映像を何度も何度も見返してみる、という方法も効果的です。

1970年のマスターズ・チャンピオンであり、また二度の全米オープンのタイトルにも輝いたビリー・キャスパーが、1982年に深刻なスランプに陥ったとき、彼はユタ州のスポーツ心理学者であるクリフ・ウェッブに助けを求めました。

ウェッブはまず、キャスパーが過去に勝ったときのナイスプレーを集めたビデオを編集しました。ビリーはそれをくり返し見て、自分の好調時のショットとそのときの積極的な心のイメージを頭と身体にしみこませてスランプを脱したのです。このエピソードは、『ゴルフのメンタルトレーニング』（デビッド・グラハム著、白石豊訳、大修館書店）に出ていたものです。

カナダにあるオタワ大学のアマンダ・ライマルは、高飛び込みの選手に大会前に自分の飛び込みの映像を何度も見せると、モチベーションが上がって、自信がつくことを確認しています。

もし日記をつける習慣があるのなら、**好調なときに自分が書いた日記を読み返すのもいい**でしょうね。好調なときのイメージがわきやすくなりますから。

タモリさんの教え

落ち込んだときには、好調だったときの自分を思い出す

COLUMN

人生を気楽に過ごしたいなら、やらなくていいことはやらない

「仕事が忙しい、忙しい」とぼやいている人がおりますが、そういう人の話をよく聞いてみると、本来ならやらなくていい仕事まで抱え込んでいるケースが非常に多いことに気がつきます。

「本業とは関係がないのだから、そんなものは放ったらかしでもいいのにな」と私などは思うのですが、根が生まじめな人は、なかなかそういうわけにはいかないのでしょう。難しいところです。

タモリさんは、やらなくても何とかなりそうなものは、決してやりません。いや、本当はやらなければならないのに、やらずにすませたこともあるそうです。

「生徒会の副会長だったんですけど、不出来な生徒会でね。我々の代が最低だったんじゃないですかね。あとで気づいたんですけれど、それまでの人たちはちゃんと議事録を

のこしていたりするんです。我々の生徒会にはそんなもの全然ないですからね」

（『ミセス』1995年7月号　p148）

思わず笑ってしまうエピソードですが、人生を気楽に過ごしていきたいのであれば、タモリさんくらいの割り切りが必要なのかもしれません。

本来は部下にやらせてもよい仕事なのに、部下の仕事まで自分で抱え込み、疲労困憊《ひろうこんぱい》している人がいます。部下のやることに目を光らせ、すべてを監督することが上司である自分の仕事だと思い込んでいる人もいます。

それは誤った思い込みにすぎません。

スタンフォード大学のジェフリー・フェファーは、部下に仕事をまかせない上司は2つの信念を持っていると述べています。

① 自分が監督していないと部下のパフォーマンスは下がるという信念
② 自分がかかわるほど、部下の仕事ぶりはよくなるという信念

ようするに上司は、「自分がいなければダメなんだ」ということを確認して自分が気持ちよくなりたいがために部下に仕事をまかせない、というのがフェファーの結論です。

部下の仕事まで自分で奪って、忙しい気分になるのはやめましょう。やらなくていいことまでやって、それで疲れ切ってしまうのもバカバカしい話ですからね。

タモリさん
に学ぶ

第2章

心も身体も疲れない自分のための生き方

年をとったら、趣味をたくさん持とう

年をとってくると、どうしても気になるのが認知症。「私の脳は大丈夫なのだろうか？」ということが気になるのではないかと思います。

そんな心配を抱えている読者のみなさん。**若いうちから、ぜひたくさんの趣味を持ってください。**特に、脳を刺激するような趣味がオススメ。脳を刺激することを心理学では「認知活動」と呼んでおりますが、認知活動をすればするほどアルツハイマーを始めとした認知症を予防できることがあきらかにされているからです。

だれでも手軽にできるということでは、クロスワードパズル。

カリフォルニア大学サンディエゴ校のジェイガン・ピライによりますと、クロスワードパズルを趣味としてやっている平均年齢79・5歳の17名と、やっていない84名を比較すると、クロスワードパズルをやっている人ほど、記憶の衰えを2・54年遅らせることができたそうです。

さらにピライは、クロスワードパズルではなく、読書、執筆、ボードゲーム、カードゲーム、音楽を聴くなどの認知活動も、脳に適度な刺激を与えることができ、認知症のリスクを減らせると指摘しています。

脳によいことは、若いうちからどんどんやったほうがいいですね。年配になるのを待つ必要はありません。今からでも、どんどんやってください。

タモリさんはというと、多趣味で知られています。

彼はスポーツもやった。野球とラグビーが好き。さらには陸上部と剣道部に所属。高校時代は剣道部と吹奏楽部、アマチュア無線もやる。料理を始めたのは小学生時代。

（『文藝別冊　総特集タモリ』2014　KAWADE夢ムック）

まさしく文武両道というか、**何にでも興味を持ってやってしまうのがタモリさんの生き方。**こういう姿勢は私たちも見習わなければなりません。

「私は、無趣味なんです」という人もいるでしょうが、それはまだやっていないから、そう思い込んでいるだけ。

どんなことでも、いざ始めてみると、「あれっ、意外に面白い」ということに気づくことはよくあります。食べ物の好き嫌いと同じで、ためしに口にしてみると意外に「いける！」と思うことは少なくないのです。

だれかが、「一緒に○○してみない？」と誘ってくれたら、ぜひそのお誘いに乗ってみてください。最初はちょっと面倒くさいと感じるかもしれませんが、実際にやってみるとついハマってしまうこともあります。ためしにやってみて、「これは自分に合わない」ということがわかったらやめればいいのです。

とりあえずは何でもためしにやってみることをオススメします。

タモリさんの教え
多趣味は、人生を楽しくさせてくれる

怒らないことが、長生きの秘訣

些細《ささい》なことで、いちいち腹を立てる人がおりますが、これはあまりよくありません。

ハンガリーにあるセゲド大学のベッティナ・ピコの調査によると、怒りっぽい人ほど、肥満になりやすく、しかも心理的健康度が低くなる傾向があることが示されたからです。**怒りっぽい人は、身体的にも心理的にも不健康になりやすい**のです。

小さなことで目くじらを立てず、笑って許せるような人になりたいものです。

たとえスーツにお茶をかけられてしまっても、「チッ」と舌打ちをするのではなく、「アハハ、気にしなくていいですよ」と笑って言ってあげられるような人になりましょう。そのほうが長生きできます。

タモリさんはというと、テレビのスタッフや関係者に怒ることがないそうです。

タモリはスタッフに対して怒ることがないそうです。わかるような気がしました。腹を立てたり、人に対して怒鳴ったりする自分が嫌なのでしょう。

（樋口毅宏　2013『タモリ論』新潮新書）

「腹を立てないことが長生きの秘訣」と言われることもありますが、タモリさんはそれを実践しているわけです。

とはいえ、どうしてもすぐに怒ってしまう人もいると思います。瞬間湯沸かし器のように、すぐにカッカしてしまう人には救いはないのでしょうか。

そんな読者に対しては、「年をとってくると、そんなに怒らなくなりますよ」と安心できるようなデータをご紹介しておきましょう。

スタンフォード大学のローラ・カーステンセンは、さまざまな年齢の184名にポケベルを渡して、一日に5回、ランダムに音を鳴らしたときの感情を記録してもらいました。ポケベルが鳴るのは午前9時から午後9時までのどこか。感情の記録は1週間つけてもらいました。

その記録を分析してみると、**「怒り」や「不満」などのネガティブな感情は、年をとるたびにどんどん「減る」**ということがわかりました。大まかな傾向でいうと、60歳くらいまでは年とともに怒りを感じることが少なくなり、だいたい60歳で底をつき、それ以降はずっと底のままで横ばいになります。

現在、20代とか30代くらいで、「私はとても怒りっぽい」と思っている人でも、そのうちだんだん怒りを感じなくなりますから、安心してください。

私自身のことを振り返ってみると、若いときにはすぐにカッカしておりましたが、最近は50歳を超えて、そんなに怒ることもなくなりました。怒るのにはパワーがいりますが、年とともにそういうパワーが出なくなり、面倒くさいので怒らなくなるのですね。

タモリさんの教え

些細なことで腹を立てず、笑って許せるような人を目指す

お金なんてなくても、幸せになれる

タモリさんは、一生では使いきれないほどのお金持ちではあるものの、ほとんどお金は使いません。

「そもそもタモリは節約家で、趣味のボート以外にはお金を使わないんです」

（『週刊実話』2023年3月16日号　p61）

お金を使わないのに幸せを感じることができるのかと思う人もいるでしょうが、幸福感というものは精神的な態度によるのであって、物質的な所有によるのではありません。

米国クレアモント大学院大学のミハリー・チクセントミハイは、幸福感についての研究を徹底的に調べ、お金持ちだからといって幸福感が高まるわけではなく、お金がなくとも幸せな人は幸せになれる、という結論を導いています。

チクセントミハイによりますと、人の幸福感は、自分の好きな活動に完全に没頭できるかどうか（これを「フロー体験」といいます）によって決まるそうです。

どんな活動でもいいので、「これをやっている間は、頭の中が空っぽになって余計なことは何も考えない」というものを持ちましょう。そういう活動をたくさん持つようにすれば、だれでも幸せな人生を歩むことができます。

掃除や皿洗い、あるいはアイロンがけや庭の雑草取りでもいいので、何か自分が集中できるものを見つけてください。

プラモデルを作っているときには完全に集中できるというのなら、プラモデル作りがいいストレス解消になりますし、それによって幸福感もアップします。

とにかく自分が本気になって取り組むことができ、没頭できるものが1つでも2つでもあるといいですね。

音楽も幸福感を高めるのに役立ちます。楽器の演奏をしていると、集中できますから。楽器の演奏をしながら、ほかのことを考えてしまう、ということはありません。少なくとも演奏している間は、悩み事や心配事も頭に浮かばないはずです。

「まったく何の趣味もないので、週末はただぼんやりしているだけ」という人は、要注意。何かしら自分が没頭できるものを見つけるようにしないと、人生がつまらなくなりますし、ボケてしまうリスクも高くなりますので気をつけましょう。

タモリさんの教え

自分の好きな活動に没頭できるかどうかが、幸福感の鍵になる

タモリ流・ぶらぶら散歩のすすめ

街歩きの達人のタモリさんが、ぶらぶらと街を歩きながらその街の歴史を語ったりするNHKの「ブラタモリ」という番組がありました。とんでもなく忙しいスケジュールで仕事をしているタモリさんですが、散歩は欠かさないそうです。

「ほぼ毎日、1時間以上、散歩を続けているそうです。その際、足を高く上げて歩くよう心掛けているんだとか」

(『週刊大衆』 2022年10月31日号 p58)

タモリさんを見習って、読者のみなさんもぜひ散歩をしましょう。

ぶらぶらと散歩をするだけなのでお金はかかりませんし、健康にもなれますし、手軽な趣味としてオススメです。
オーストラリアにあるディーキン大学のテス・ナイトは、70歳から101歳の男女に、「あなたにとってのサクセスフル・エイジングとは？」と尋ねてみたことがあるのですが、「散歩」を挙げた人は15・85％もおりました。

なお、**散歩をするときには「緑の多いところを選ぶ」ということもポイント**ですので、これも覚えておきましょう。

英国ヘリオット・ワット大学のピーター・アスピナルは、12名の参加者に、モバイル型の脳波測定器（EEG）を頭につけてもらい、エディンバラの3つの場所をそれぞれ25分間ずつ歩いてきてもらうという実験をしたことがあります。

散歩のコースは、ショッピング街、緑の多い小道、ビジネス街、の3つでした。

そのときの脳波を計測してみると、緑の多いところを散歩しているときに気分が高揚することがわかりました。

どうせ散歩をするのなら、緑の多い場所がオススメ。

都会でも、探してみると緑の多い場所はいくらでも見つけることができます。そういう場所を探して、のんびり散歩をしてみるのはどうでしょうか。日常のストレスなど、簡単にどこかに吹き飛んでしまいますよ。

これまで散歩をしたことがないという人は、最初は短い距離でかまいません。時間もそんなに長くなくてけっこうです。10分から20分だけの軽い散歩でも、気分が高揚しますし、ネガティブな感情が減少するというデータもありますので、そんなに長くやらなくても大丈夫なのです。

ただ歩くのではつまらないという人は、スマートフォンでウォーキング用のアプリをダウンロードしておくといいでしょう。ウォーキングにゲーム性が付加されて、ただ歩くよりも面白いかもしれません。

タモリさんの教え

健康にもなれる気軽な趣味、散歩を習慣にする

「立つ鳥跡を濁さず」の気持ちを大切にする

芸能人が麻薬をやったり、不倫をしたりするとすぐに新聞やテレビに取り上げられます。有名なのですからマスコミが騒ぐのも仕方がありません。

タモリさん自身はそういうことを絶対にしませんが、騒がれる芸能人には多少の同情の気持ちもあるようです。

「はっきりいってね、芸能人に人間性なんて関係ないんじゃないですか。よく芸能人が、なんか事件を起こすと、常識がないとか、社会的責任がどうとかいうけど、常識があったり社会的責任を考えて行動するなら、初めから芸能人になっていないよ。これは、一般の社会に入れないからこちらに来たという言い方もできるけど」

（『新鮮』1981年11月号 p75）

若いうちには、少しくらいやんちゃなことをしてもかまいません。ですが、**人生の終わりに近づいてきたら、できるだけ善行を積んだほうがいいと思います。**「立つ鳥跡を濁さず」という言葉もありますが、きれいな終わり方をしたほうが、人々には好ましい印象を持ってもらえるからです。

米国イエール大学のジョージ・ニューマンは、たとえ若いうちには悪いことをしていても、「人生の終わり」が立派であれば、その人は立派な人として受け止められるものだと指摘しています。これを**「人生の終わりバイアス」**と呼びます。「バイアス」というのは、認知の歪《ゆが》みという意味です。

若いときに立派だった　↓　年をとって悪いことをした
若いときに悪いことをした　↓　年をとって立派になった

ニューマンによると、人によい印象を与えるのは後者のパターンだそうです。悪いこととよいことをやったのが1回ずつで同じでも、最初に悪いことをするか、後で悪いことをするかで印象がガラリと変わってしまうのです。これが「人生の終わりバイアス」。

若いうちのやんちゃは「ご愛敬」ですみますが、年をとってからはそういきません。できるだけきれいな生活を心がけましょう。

インド独立の父と呼ばれるガンジーは、若い頃にはかなりのやんちゃだったそうです。銅銭盗みをしたり、タバコを吸ったり、禁じられている肉食をしたり、悪所通いなども一通りやりました。悪い人だったのです。

けれどもガンジーは、罪の意識にさいなまれ、その後はずっと清廉潔白な人間を通しました。人生の後半でそういうことをしたので、今でも立派な人間としてあがめられているわけです。

読者のみなさんも、人生の後半に近づいたらできるだけ清廉潔白な人間になってください。若いうちには悪いことをしていても、「終わりよければすべてよし」なのです。

タモリさんの教え 人生が後半に近づいたら、「きれいな生活」を心がける

日常生活の中に喜びを見つける方法

若いうちにはそれほど意識することはありませんが、年をとってくると、いろいろなものに喜びを見つけられるようになります。

心に余裕が出てくるからでしょうか。その辺のメカニズムはちょっとわからないのですが、年を重ねるごとに、ほんの些細なことで喜べるようになることは間違いありません。それこそ、道端のタンポポを見つけるだけで、「おお……」と感激できるようになるのですから、不思議なものです。

「高校生のときは桜咲いてても何とも思わないでしょ？　でも、年をとると桜に感情が入ってきたりするんだよね。（中略）高校のときは思わないんだけど〝普通が貴重〟って感じるんだよね」

（『Yahoo!ニュース』　2023年2月18日）

タモリさんも、やはり日常のなにげない物事に感激するようになったようですね。ごく普通の日常生活に喜びを見つけましょう。これが陽気な人生を送るコツです。

一番よいのは、「喜び日記」のようなものをつけること。自分が感激したことや、うれしく感じたことを日記につけるようにすると、そういうものに目が向くようになります。「一日の終わりにうれしい日記を書かなければならない」ということになれば、だれでも自然にうれしいことを探すようになるのですね。

カリフォルニア大学のロバート・エモンズは、10週間に渡って、自分がうれしく感じたことの日記をつけてもらうという実験をしてみたことがあるのですが、そういう日記をつけさせると、日記をつけないグループに比べて、将来に対して明るく前向きな気持ちが高まり、身体的な不調の訴えも減ることがわかりました。

身体が軽く感じるようになるからでしょうか、運動する時間も増えたそうです。

うれしいことの日記をつけることには、さまざまなご利益があるのです。

「そんなに毎日、うれしいことなんてあるのでしょうか?」と思う人がいるかもしれません。そういう人は、宝くじに大当たりしたり、大きな仕事で成功を収めたりするようなことだけがうれしいイベントだと思っているのでしょう。

実際に日記をつけてみればわかるのですが、小さなことでもうれしく感じることはできます。むこうから「おはようございます」と挨拶してくれたとか、自動車を運転していて、右折しようと待っているとき、ほかの運転手が先に言っていいよという合図を出してくれたとか、ものすごく小さなことでも喜べるようになるのです。

だまされたと思って、ぜひうれしく感じたことの日記をつけてみてください。うれしいことがどんどん見つかるようになり、心がウキウキしてくるはずですよ。

タモリさんの教え 陽気な人生を送るコツは、日常生活に喜びを見つけること

芸術系の趣味が高齢者に向いている理由

タモリさんが芸術に造詣が深いことはよく知られています。もともとトランペット奏者を目指していたといいますから、音楽も大好きです。

「タモリさんの自宅の地下には映画室が、約４０００枚もあるレコードを聴く専用の部屋があるといいます。芸術に触れ、心を癒す時間を作っているんでしょう」

（『週刊大衆』 2023年3月20日号 p195）

音楽や絵画に興味を持つことはよいことですよ。

そういう趣味を持っていると、アルツハイマー型認知症にもなりにくくなる、という研究結果もあります。

米国シカゴにあるラッシュ大学のロバート・ウィルソンは、８０１名の高齢者に、どれくらい認知活動（音楽を聴く、美術館に行くなど）をやっているかと聞くと、平均３・57個という回答が得られました。

それから４、５年間の追跡調査を行なうと、８０１名のうち１１１名はアルツハイマー型認知症を発症したのですが、認知活動を１つ増やすと、認知症になるリスクが33％減少するという計算になることがわかりました。

芸術活動をしていると、脳に適度な刺激を与えることができ、それによって認知症になりにくくなるのだと考えられます。

同じ傾向はベルリン自由大学のマーガレット・バルテスも報告しています。70歳から１０３歳（平均84・９歳）の５１６名に、どれくらい音楽を聴いたり、ガーデニングをしたりするのかなどを尋ねると、いろいろな活動をする人ほど加齢に伴う認知機能の減少が見られにくいことがわかったのです。

「もう私は高齢者だから、音楽なんてとても……」と感じる人がいるかもしれませんが、何歳になっても音楽の趣味を持つのはよいことです。最近では、音楽教室にも高齢者向けのピアノレッスンやバイオリンのレッスンなどのコースを用意してあるところもありますので、そういうところに気軽に参加してみればよいのです。

また、地域のコミュニティでは、オカリナを学ぶ教室やら、お囃子《はやし》の笛の教室なども探せば見つかったりしますので、そういうところに出かけていくのもいいかもしれません。

音楽以外でも、たとえば絵画教室に通ってみるのもいいでしょう。何かの大会やコンクールに出場するわけではないのですから、自由にのびのびとやってください。もちろん、何かの大会に自分の絵を出展したいというのであれば、それを目標にするのもよいでしょう。

とにかく**年齢を言い訳に使うことなく、何でもやってみること**です。やってみればわかりますが、やったことのないことを学ぶのはとても面白いと感じるものです。

タモリさんの教え　芸術に興味を持つと、のびのびと生きられる

タモリさんをお手本に、できるだけ和食を食べよう

独身者は、あまり栄養を考えずに高脂肪、高カロリーなものを食べてしまいます。そのため肥満や生活習慣病になりやすくなるわけですが、心身ともに健康でいたいのなら、なるべく健康によい食生活を身につけましょう。

オススメは和食。

なぜかというと、和食には発酵食品が多いからです。和食におなじみの味噌、醤油、納豆、漬物などはみな発酵食品です。

ハーバード・メディカル・スクールのエヴァ・セルハブによりますと、発酵食品に含まれる細菌（乳酸菌やビフィズス菌）は、身体の健康だけでなく、メンタルの健康にもよいそうです。発酵食品をよく食べる人は、気分が落ち込んだり、やる気が出なくなったりしなくなるのです。

タモリさんはどんな食事を摂っているかというと、やはり和食のようです。

「日々の献立は、おひたしやサラダなどの野菜に魚、そして少量のご飯と味噌汁という完全な和食党」

（『アサヒ芸能』2022年10月27日号 p156）

タモリさんが年をとっても、いつでも陽気に楽しく仕事をしていられるのは和食党だからということが理由のひとつではないでしょうか。

食事に関しては、「地中海式の食事」がいいとされておりますが、地中海式の食事とは、肉ではなく魚をたくさん食べ、野菜や果物をたくさん摂るという食事のことですから、和食に通じるものがあります。

オーストラリアにあるモナシュ大学のエイドリアン・オニールは、176名の「大うつ病」と診断された人たちに、地中海式の食事を摂るようにしてもらいました。そして、3ヶ月後と半年後に追跡調査をしてみたのですが、地中海式の食事を摂るようにすると、うつ状態が大幅に改善されることがわかりました。

現代人は、うつ病になってしまう人が増えているというお話を聞きますが、そういう人は欧米式の食事をしていることが原因かもしれません。

食習慣を見直し、できるだけ和食にしましょう。高脂肪、高カロリーの食事をやめて、和食にするだけで、わざわざダイエットをしなくとも体重は減っていきます。

肥満にもなりにくくなり、しかも気分も明るくなるのですから、和食のほうが絶対的にオススメだと断言できます。

タモリさんの教え
心身ともに健康でいたいのなら、和食中心の食生活にする

いつでも服装をきちんとしておく

読者のみなさんは、自宅にいるときにはどうでもいいような服装をしていませんか。「だれに会うわけでもないのだから」と気を抜いていたりしませんか。

年をとってくると、若い人のようには外見に気を配らなくなります。面倒くさくなってしまうのでしょう。けれども、これはあまりよい兆候ではありません。

たとえ人に会う約束などなくとも、自宅で人に見られる心配がなくとも、それでも身なりはきちんとしていたほうがいいでしょう。服装をきちんとすると、心のほうもピシっと引き締まりますからね。

タモリさんも、外見には気を使うようにというアドバイスをしています。

「若いうちは破れたTシャツとボロボロのジーパンはいてても汚く見えないけど、年とってくるとそれが汚く見えてしまう。だから、服装の面でもそうだけど、汚くなることだけは今まで以上に気をつけてはいますね」

（『an・an』 1988年9月16日号 p18）

外見をきちんとさせておけば、悪い評価を受けることもありません。

女性の場合、きちんとメイクをした状態とメイクを落とした状態で、自信を測定する心理テストを受けてもらうと、メイクを落とした状態のときに自信が落ちることがわかりました。これは米国オールド・ドミニオン大学のトーマス・キャッシュの実験であきらかにされたことです。

女性は、たとえ自宅にいるときでも、メイクはしたほうがいいみたいですね。そのほうが自分に自信を持てますから。

服装をきちんとしていると、ほかの人からも好ましく評価してもらえます。

ミズーリ大学のジェイ・ヒューイットは、同じ男女のモデルに、スーツ、セーター、シャツなどの服装を着てもらい、それを写真に撮らせてもらいました。それを別の判定者に見せて印象を尋ねたところ、カジュアルなシャツより、フォーマルなセーターを着ているときのほうが3倍も高く魅力を評価してもらえたのです。

外見で手を抜いてはいけません。たとえ定年退職して人に会うことがなくなっても、服装とメイクはばっちりとやりましょう。

タモリさんの教え

たとえ家にいるときでも、身なりはきちんとしておく

他人まかせにせず、自分でできることは自分でするのが正解

タモリさんが自分で料理を作っていることはよく知られています。ですが、料理を作る理由について、読者のみなさんはご存知でしょうか。

タモリさんがご自分で料理をするのは、不愉快な思いをしたくないからなのだそうです。タモリさんの奥さんはあまり料理が得意ではありません。奥さんに作らせると、タモリさんは、味付けやら見た目やらがどうにも気に入らないわけです。食事のたびにイライラするくらいなら、最初から自分で自分の好きなように作ったほうがいい、というわけでタモリさんは自分で料理をするようになったのです。

「(料理は) 自分で作ったほうがいい。自分のことは自分でやるっちゅう、小さいときにいわれたことは、あたってるね。(中略) 自分のことは自分でする。そうすればなんも

腹立たない」

（『JUNON』 1989年1月号 p10）


自分でやれることは自分でやったほうがいいですよ。そうすればタモリさんが言うようにまったく腹が立ちませんからね。

「掃除をするときには、ヒザを床につけてやらなきゃいけないんだ」

などと偉そうに言うのなら、自分で掃除くらいやってしまいましょうよ。そのほうが掃除の出来栄えにイライラすることもなくなります。

「お客さまへのご提案書を作成するときには、ここをもっとこう……」

などと部下に何度もやり直しを命じるくらいなら、自分で作成してください。そのほうがムカムカしません。


年をとってくると、自分でやらず、他人まかせにすることが増えます。

これはよくありません。**自分でできることは何でも自分でやるのが正解**です。

イエール大学のジュディス・ロディンは、とある介護施設に協力をお願いして実験をしています。

もともとその介護施設は、とても手厚いサービスを行なっていて、入居者のお年寄りには何もさせませんでした。施設のスタッフが何でもやってくれていたのです。

しかし、スタッフが何でもやっているときには、入居者たちは元気がなく、つまらなそうな顔をして、しかも死亡率も高かったのです。

そこで、ロディンは施設の方針を逆にしてもらいました。つまり、入居者たちにできることは何でも自分でやるようにしてもらったのです。自分で洋服を着替えられる人にはそうしてもらい、自分で入浴できるのならそうしてもらい、施設内の植物に水やりができる人はその世話をお願いしました。

こうして何でも自分でやらせるようにすると、かえって入居者たちは活き活きとしてきて、よく笑い、ほかの入居者たちともおしゃべりするようになり、死亡率も減ったのです。

他人まかせにしていると、自分はラクができるものの、やる気のようなものを失ってしまいます。

自分でできることは、何でも自分でやりましょう。

そのほうが生命エネルギーも活性化してきますから、いつまでも活き活きとした人生を送ることができます。

タモリさんの教え

自分でやれることは、できるだけ自分でやるようにする

できるだけ生活リズムを崩さないことが大切

読者のみなさんは、どのように週末を過ごされているでしょうか。

平日の仕事から解放され、思いきり羽を伸ばしているのではないかと思います。夜遅くまでDVDを見たり、明け方までゲームをしたり、ダラダラとお昼すぎまで寝ているのではないかと思います。

たしかに休息をとることは重要ですが、そのとり方が大切です。

あまりハメをはずしすぎると、余計に月曜日がつらくなってしまいます。ですから、**週末だからといって、あまり平日と変わらないような生活リズムを保ったほうがいい**のです。

タモリさんは、夏休みもとりません。記者に「夏休みは?」と質問されたとき、タモリさんはつぎのように答えました。

「今はとってないです。以前はとってましたけど、夏休みのために他の番組を録り溜めしないといけないでしょ。それを必死にやってようやく一週間の休みだったら…。（中略）それより平常通り営業していたほうが楽だと思って、やめました」

（『週刊文春』2014年1月2日・9日合併号 p166）

夏休みのような大型の連休をとらず、ほとんどいつも同じリズムで生活していることがうかがわれますよね。心理学的に言うと、こういうタモリさんのやり方が正解です。

オーストラリアにあるアデレード大学のアマンダ・タイラーは、16人の実験参加者を募って、週末に平日と同じ時間に眠ってもらう条件と、3時間の夜更かしをしてもらう条件にわけました。

すると、夜更かし条件では体内の生活リズムがガタガタになり、翌週の月曜日にいきなり眠くなったり、疲労を感じやすくなったりすることがわかりました。

おかしな休みを入れると、余計につらい思いをすることになるくらいなら、いっそのこと

タモリさんのように平常通り営業していたほうがいいのです。

平日のように本気で仕事をしなくてもかまいませんが、軽く1、2時間ほど仕事をしてみるとか、就寝時間は同じにするとか、**生活リズムを大きく崩さないようにするのがポイント**です。

生活のリズムがいったん崩れると、それをもとに戻すのに思わぬ苦労をしますから、それなら最初からリズムが崩れないように普通に生活していたほうがラクなはずです。

若いうちなら、週末にリズムが崩れてもすぐに戻るのかもしれませんが、年をとってくると、そんなに簡単にリズムが戻らなくなります。ケガなども若いうちにはすぐに治るのに、年をとってくると、なかなかそういうわけにはいかなくなるのと同じです。

ですので、あまり週末にはしゃぎすぎないほうがいいのです。

タモリさんの教え
長い休みはあえてとらずに、常に「平常運転」で生活する

サービス精神を発揮して、他人に多くのものを与えよう

自分のためにコーヒーを淹《い》れるのなら、ついでにほかの人の分まで淹れていってあげるといいですよ。会社の前の掃除をするのなら、ついでに歩道や隣のお店の前まで、ホイホイと掃除をしてあげましょう。そのほうが喜ばれます。

イエローハットは、東京の一等地、千代田区三番町にビルを保有しています。東隣は、ローマ教皇庁の大使館。英国大使館にもほど近くの、ひときわ格式の高い場所。

創業者の鍵山秀三郎さんによると、このビルを入手できたのは、掃除のご縁がきっかけだそうです。

当時、近くのアパートに住んで仕事場にしていた鍵山さん夫婦は、毎日、近所の掃除をしていました。雨の日も風の日も、暑い日も寒い日も、一日も休まずです。それを見ていた地主さんが感動してくださって、タダ同然の金額でビルを譲ってくださったのだそうです（鍵山秀三郎著、『ひとつ拾えば、ひとつだけきれいになる』ＰＨＰ研究所）。とても心温まるエ

ピソードです。

打算的に動くのではなく、ほかの人のためにもサービス精神をどんどん発揮してください。タモリさんもサービス精神では鍵山さんに負けていません。

「（放送作家・テレビプロデューサーの岩立良作）本番終了後も、タモリさんが居残りでレギュラーやゲストと30分くらい話していた。次第に、それを『増刊号』として、放送するようになったんですよね。

（テレビプロデューサー荻野繁）あれはタモリさんが自発的に始めたものでしたね。お客さんは遠くからわざわざ来てくれているのに1時間だけでは申しわけないから、と感謝の気持ちからです」

（『週刊現代』2018年11月10日号　p130-131）

「サービスばかりしていたら、自分がソンをしてしまうではないか」と思う人がいるかもしれませんが、大丈夫です、そういうことにはなりません。なぜかというと、**サービスを受けた人は感謝しますので、こちらのサービス精神にきちんと報いてくれようとするから**です。

米国モンマス大学のデビッド・ストローメッツは、80組のレストランのお客に実験をしてみました。女性の店員があるお客にはチョコレートをサービスし、別のお客にはサービスしなかったのです。

するとチョコレートをサービスしてもらったお客は、会計時にその女性の店員にたくさんのチップを渡すことがわかりました。サービスをすると、きちんとお礼が返ってくるものなのです。

自分の器を大きくして、どんどんサービス精神を発揮しましょう。ほかの人に多くのことをしてあげればあげるほど、相手からも多くのものが返ってきます。

タモリさんの教え

多くのものを与えると、相手からも多くのものが返ってくる

他人からの評判を気にしないようにする方法

読者のみなさんは、「エゴサーチ」という言葉をご存知でしょうか。

検索エンジンなどを使って、自分自身、あるいは自分の会社がほかの人にどのように評価されているのかを調べることです。「エゴ」は「自分」という意味ですので、日本語にすれば「自分検索」になるでしょうか。

芸能人やタレントさんたちは、人気商売ということもあるので、自分の評価を知るために熱心にエゴサーチをしているというお話を聞きますが、タモリさんはどうなのでしょう。

結論から言うと、「エゴサーチなんてやっていない」というのが事実であるようです。

タモリさんは、ニッポン放送の開局60周年記念特番で、次のように発言しています。

「全然ネットとか見ない」「あんま社会とかかわりたくない」

（『文藝別冊　総特集タモリ』2014　KAWADE夢ムック）

芸能人の中には、「エゴサーチなんてやっていません」と言いながら、本当はこっそりと自宅でやっていたりする人がいるものですが、タモリさんはそういうところではウソをつくような人ではありませんから、おそらく本当に何もやっていないのでしょう。

基本的には**エゴサーチなどしないほうがよい**のです。

他人と自分の評判を比較したりすると、どうせ気分が落ち込むのがオチ。「○○さんは人気者なのに、それに比べて僕は社内でこんなに嫌われているのか……」という事実を知ったら、どうでしょうか。かなりメンタルが強い人でも、意気消沈すると思うのですが、どうでしょうか。

エゴサーチするだけでなく、ほかの人が何をしているのかを知るためにＳＮＳ（ソーシャル・ネットワーク・サービス）を利用するのもやめたほうがいいですね。

オランダのマーストリヒト大学のフィリップ・ヴァーデュンは、ＳＮＳと主観的な幸福度や満足度について調べた研究を集めて、総合的に検証してみました。その結果、ＳＮＳをやると、気分が落ち込んだり、嫉妬したり、怒りを覚えたりとネガティブな感情が高まることを突き止めています。

また、デンマークにあるコペンハーゲン大学のモーテン・トロンホルトは、1095名の実験参加者に、1週間だけフェイスブックをお休みしてもらうという実験をしてみたことがあるのですが、1週間後には、人生満足度やポジティブな感情の高まりが確認できました。

他人からの評判を気にしないようにするためには、エゴサーチもそうですが、そもそもSNSはやらない、あるいはできるだけ控えるようにしたほうがいいのかもしれません。

タモリさんの教え

他人と自分の評判を比較するのはやめる

COLUMN

一歩引いて自分を見つめる“感情コントロール法”

つらいことがあったときや、腹の立つことがあったときには、だれでも悲しんだり、怒ったりするものです。

けれども、それは当事者として考えるからです。まるで「他人ごと」のように、一歩引いて客観的に第三者のような受け止め方をすると、そんなに感情も高ぶりません。そういう感情コントロールの方法があることを覚えておくとよいでしょう。

タモリさんは、あまり感情をむき出しにすることなく、いつでも冷静に物事を見つめておりますが、それは物事から一歩引いて、科学者のような態度で見つめているからだと思われます。

「俺いつも隅っこにいるんです。小さいときも遊園地の隅っこにいた。結局、傍観者でいたいんでしょうね。でも隅っこで見ているとおもしろいですよ。いろんな奴が真ん中にしやしゃり出て」

（戸井田誠　2022　『タモリ学』　文庫ぎんが堂　p153）

タモリさんは幼稚園に通っていません。みんなでお遊戯をしたりするのが苦手なため、祖父にお願いして通わなかったのです。そのため、幼少時のタモリさんはずっと一日中道端で通り過ぎる人を眺めていたといいます。一歩離れてほかの人を見つめる、という客観的な態度はそういうところから養われたのかもしれません。

読者のみなさんも、イヤなことやムシャクシャするようなことがあるときには、一歩引いて考えるといいですよ。そうすれば感情の高ぶりを抑制できます。

カリフォルニア大学バークレー校のオズレム・アイダックは、90名の実験参加者を集め、自分が怒りを感じたときのことを思い出してもらい、怒りの感情を高めてもらいました。なお、腹の立つ出来事を思い出してもらうときには、２つの条件にわけました。

① 自分の目の前で起きていることとして思い出す
② その場を少し離れたところから第三者のように見ている感じで思い出す

という2つの条件です。アイダックはそれぞれの条件で、思い出す前と後とでの血圧を測定してみたのですが、一歩引いて第三者のように思い出してもらうときには、そんなに血圧が高まらないことが判明しました。

第三者のような態度をとっていれば、冷静でいられるのです。

上司に叱責されているときには、第三者のような態度をとりましょう。

「この人はどうしてこんなに怒っているのだろう」

「よく見ると額に血管が浮き上がっている。相当に腹を立てているようだ」

「手がぶるぶると震えている。手を出さないように怒りをコントロールしているのだろう」

そんなことを客観的に観察していると、自分が怒られている最中だというのに、そんなに感情が動揺しません。

タモリさん
に学ぶ

第3章

しなやかに
生きるための
究極の
ストレス解消術

今よりもっと肩の力を抜いて生きよう

長生きしたいのであれば、何事に対しても張り切りすぎたり、頑張りすぎたりしないようにするのがポイント。

頑張るのはとてもしんどいことですからね。肩の力を思いきり抜いて、ほどほどに頑張っていればよいのです。10割の力で走るとすぐに疲れてしまいますが、3割から4割くらいの力で走っていれば、長い距離をいくことができます。

タモリさんは、いろいろなところで「頑張りすぎないこと」について語っています。おそらくそれがタモリさんにとっての重要な価値観なのでしょう。

「頑張らなくていいんだから。頑張るのはちゃんとした人だから。頑張るから苦しいんでしょ。頑張らないととか、計画立てなきゃいかんというのは、ちゃんとした人です」

完ぺきにやろうとする人ほど死にやすい

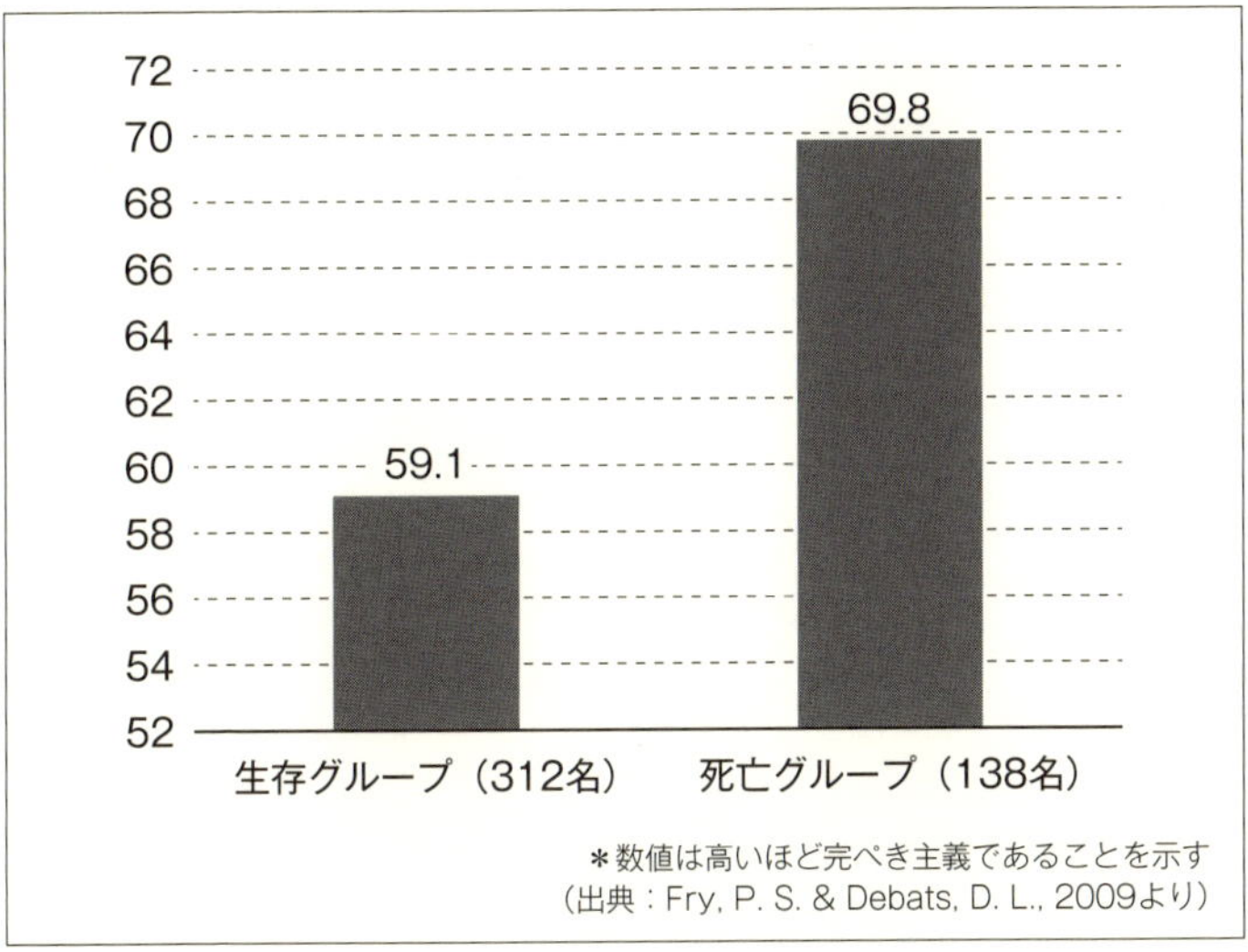

（『パピルス』2008年10月号　p54）

何事も完ぺきにやろうとしすぎるのはよくありません。

カナダにあるトリニティ・ウェスタン大学のプレム・フライは65歳から87歳の４５０名（男性１８９名、女性２６１名）に、完ぺき主義を測定するテスト（「自分がやることは何でも完ぺきにこなしたいと思う」などの項目で測定）を受けてもらって、それから6年半後に追跡調査をしました。

その結果、6年半後に生存していた人と、死亡した人には完ぺき主義テストの得点に大きな差があったのです。

当たり前の話ですが、完ぺきにやろうとするとものすごく疲れてしまうのです。それが寿命を縮める結果になることは論を待ちません。

何でもほどほどにやっていればいいのですよ。そんなに張り切らず、頑張りすぎず、のんきにやっていればいいのです。

タモリさんの教え

ほどほどに頑張っていればそれでいい、と考える

タモリ流・悩みを吹き飛ばすちょっとしたコツ

タモリさんは地層を見る趣味がありますが、地層を見ながら悠久の歴史に思いをはせ、感激するという体験を味わっているようです。

「（数万年前の地層を見ながら）地球の歴史は46億年。それからすると数万年前なんてつい最近だし、そう考えると人間の悩みなんてちっぽけだよねぇ」

（『ステラ』2018年3月30日号 p29）

別に地層に限らないのですが、**壮大なスケールがあるものを見て、震えるような感激を味わうことはとても重要**です。タモリさんが指摘するように、小さな悩みなどいっぺんに吹き飛んでしまいますから。

壮大なものを見て胸を熱くすることを、心理学では**「オウ」（Awe）体験**と呼んでいます。非常に大きな建物や、歴史的な建造物、大きな滝、満天の星などを見ると、読者のみなさんもオウ体験を味わうことができます。

「うわあ～、大きい！」
「うわあ～、すごい！」

そういう感激した気分を味わうと、悩みもどこかに吹き飛びます。東京スカイツリーに登って東京を一望すれば、だれでもオウ体験ができるでしょう。もちろん、ほかの場所でもかまいません。自分の住んでいる場所の一番高い場所（建物の屋上や山頂）に登れば、素晴らしいオウ体験ができます。

スタンフォード大学のメラニー・ルッドは、「エッフェル塔に登ってパリを見下ろす」という内容の記事と、「知らない塔に登って平凡な風景を見る」という記事のどちらかを読んでもらい、それから人生の満足度を尋ねてみると、前者のほうが人生満足度は高くなることを報告しています。

「私の人生はなんとすばらしいのだろう」「生まれ変わっても、また同じ人生を歩みたいものだ」と自分の人生満足度を高めたいのなら、一番簡単なのはオウ体験をすること。どこかスケールの大きい名所などを訪れてみれば、だれでもすぐにオウ体験ができます。

出かけるのが面倒くさいというのなら、インターネットでオウ体験ができそうな画像を眺めてみるだけでもいいかもしれません。

ヨーロッパのお城の全景であるとか、ナイアガラの滝であるとか、エジプトのピラミッドであるとか、有名な画家の絵画であるとか、何でもかまわないと思います。タモリさんは地層ですが、オウ体験ができるのなら、読者のみなさんの好きなものを選んでください。

タモリさんの教え

壮大なものを見ると、悩みがちっぽけなものになる

つまらない張り合いはやめて、のんきに生きよう

心理学では、いつでも忙しくせかせかしている、人とすぐに競争しようとする、といった傾向のある人を**「タイプA」**と呼んでいます。こういう人は、虚血性心臓疾患になりやすいということもわかっています。

カナダにあるクイーンズ大学のキャリル・マクウェンは、200組の夫婦にタイプAかどうかを判定するテストを受けてもらう一方で、結婚満足感などを教えてもらいました。その結果、タイプAの人ほど、結婚に不満を感じやすく、また離婚したいという気持ちが強いことがわかりました。

人と競うのが好きなタイプAの人は、配偶者ともよくぶつかります。相手をバカにしたり、悪口を言ったりすることが多いこともマクウェンはあきらかにしています。

競争的で、人とガンガンぶつかるタイプではいけません。

かの文豪シェークスピアは、「のんき者ほど長生きする」といったセリフを残しているそ

うです。出典はちょっとよくわかりませんが。人と争わず、できる限りのんきでいたほうがいいのですよ。

タモリさんも、あまり勝負するのが好きなタイプではありません。人と競り合うようなことは意識的に避けているのですね。

「SMAP×SMAP」（フジ系）の人気コーナー「ビストロスマップ」の最終回にゲストとして出演したタモリさんのエピソードをご紹介します。

「2チームに分かれての料理対決で、勝者を決めるのが恒例となっていますが、タモリは『最終回だから、判定はいいでしょ。人生で判定なんか、どうでもいいことだ』と決着をつけなかったんです」

（『週刊大衆』 2017年5月8日号 p72）

番組的には、おいしさに関して勝敗や優劣をつけてもらいたかったのでしょうが、タモリさんはそういうことをしませんでした。

人とぶつかり合いそうになったら、「あなたの勝ちでいいですよ」と勝負の土俵から降りて、相手にさっさと白旗を上げてください。ムキになって張り合ったりしても、いいことは何もありません。心臓がキリキリして、発作を起こしやすくなるのが関の山ですから。

自動車の運転をするとき、性格が豹変《ひょうへん》する人もいると思うのですが、のんきに運転するのがポイントです。少しくらい飛ばしたって、目的地に到達する時間はそんなに変わりませんよ。

自分の車の前にいきなり割り込んでくる人がいても、気にしない、気にしない。「ささ、どうぞ!」という感じで、快く前を譲ってあげてください。そのほうが交通事故に遭うリスクも相当に減らせます。

のんきであればあるほど、心の柔軟性は高まり、イライラしなくなり、長生きができます。つまらない張り合いはやめて、のんきに生きていきましょう。

タモリさんの教え
人と競り合いそうになったら、さっさと白旗を上げる

未来にも過去にも、こだわらない

「タモリさんは未来にも過去にもこだわらない人なんです。『現状維持』というのがタモリさんの座右の銘」

（『週刊現代』 2017年3月11日号 p169）

タモリさんは、見事なまでに今を生きている人です。過ぎ去った時間は巻き戻せませんので、過去を振り返るのは時間のムダですし、未来のことはだれにも予想できないので、考えても疲れるだけ、と割り切っているのでしょう。

最近流行りの「マインドフルネス」という用語があります。

マインドフルネスという用語は、日本語に訳すのが難しいのでそのままカタカナで使われることが多いのですが、ようするに「今起きていることだけに注意を向ける」ことを指します。

余計なことを考えず、今の状態に目を向けましょう。そのほうが心は落ち着きます。

米国デューク大学のマーカス・ロドリゲスは、過去も未来も考えず、今だけに注目する人ほど、ストレスを感じにくくなると指摘しています。

また、米国サンタ・クララ大学のショーナ・シャピロは、マインドフルネスの意識は訓練で伸ばせることも確認しています。

シャピロは、44名の参加者を2つにわけ、29名には1回90分のマインドフルネス・トレーニングを8週間受けてもらいました。残りの15名には何もさせませんでした。比較のための条件です。

どんなトレーニングかというと、自分の頭からつま先までの感覚に注意を向けたり、自分の呼吸に注意を向けたり、あるいはゆっくりとストレッチをしながら、筋肉が伸びていく感覚に注意を向けたりするトレーニングです。

8週間後、トレーニングを受けたグループでは、ストレスが減り、イライラしなくなることがわかりました。

あれこれと悩みやすい人は、できるだけ今の自分に注意を向けるようにしてください。

今の自分に注意を向けるようにすれば、そのほかのことで悩まなくなります。

外を歩いているときには、「あ、今、風が吹いている」とか、「遠くから川のせせらぎがほんの少し聞こえる」といったことに注目してみてください。そういうトレーニングをヒマなときにやっていると、マインドフルネスの意識が少しずつ高まります。

タモリさんの教え

余計なことを考えず、今の状態に目を向ける

違う人格を演じてみると、人生がラクになる

本当の自分を変えるのはとても大変ですが、「違う人格」を演じるのはそんなに難しくありません。本当の性格は陰気でも、仕事のときはとびきり陽気な人格を演じるのもいいでしょう。

自分の根っこの部分を変えることはできませんが、状況に応じて「他人に見せる自分」を演じるくらいなら訓練でなんとかなります。「こういうキャラでいこう」と自分で決めて、いろいろな人格を使い分けてください。

心理学では、その場その場でいろいろと人格が変わることを**「多面的自己」**と呼びます。

イエール大学のパトリシア・リンヴィルは、１０６名の調査対象者に、友人といるときの自分、自宅にいるときの自分、職場で働くときの自分など、多面的自己をいくつ持っているのかを尋ねる一方、心身の健康についても教えてもらいました。

その結果、多面的自己の数が多くなるほど、ストレスや病気が減ることがわかりました。

抑うつを感じにくくなり、風邪もひきにくくなることもあわせて確認できました。

いろいろな自分を持てば、心身ともに強靭《きょうじん》になれるのです。

できるだけたくさんの自分を持ってください。

評論家の武田徹さんは、タモリさんも仕事中には別人格に変えているようだと推論しています。

「ボードビリアン『タモリ』は完全な作りものであり、スタジオを出れば別人格に変るのだ」
（『潮』1995年9月号 p104）

私たちがテレビで見ているタモリさんは、作りもののタモリさんなのかもしれません。本当のタモリさんとは面識がないので、どういう人格なのかはちょっとわかりませんが、おそらくまったく違う人格なのでしょう。

仕事中には、違う人格を演じてみてください。本当の自分を変える必要はないと思えば、気がラクなものです。

私も人に会うときには、ニコニコと愛想をよくして、ディズニーリゾートのキャストのように明るく振る舞っておりますが、もちろん演技です。本当のところ、私はそんなに人当たりもよくありませんし、内向的ですし、一人でガーデニングをしたり、静かに読書をしたりするのが好きなタイプなのですが、仕事のときには違う人間を演じています。

読者のみなさんも、いろいろな自分を見つけておくといいですよ。知的な人格、お笑い芸人のような陽気な人格、厳しい教師のような人格など、さまざまな自分をその場その場で演じてください。

タモリさんの教え

「いろいろな自分」を持つと、ストレスを感じにくくなる

怒られたら、感謝をしよう

もしだれかが読者のみなさんに注意やアドバイスをしてくれたのだとしたら、感謝をしましょう。たいていの人は、心の中で思っていても気を悪くすることを恐れて指摘してくれません。

嫌われるというリスクもあるのに、あえて耳に痛い注意やアドバイスをしてくれたわけですから、素直に相手の言うことを聞くべきです。「うわぁ、ありがたいな」と感謝してください。

「人間って、『自分がいかに下らない人間か』ということを思い知ることで、スーッと楽になれるんじゃないかな」

(『BIG tomorrow』 1995年11月号 p34)

タモリさんは自分で自分の愚かさを認識できるようですが、普通の人は自分の愚かさをなかなか認識できません。

ニュージャージー大学のスコット・ミリーズは、25名のお医者さんに実際の患者さんを診察しているところをビデオに撮らせてもらう一方で、医者としての自分の力量について評価してもらいました。

また、診察を受けた患者さん自身にも、お医者さんの力量について判断してもらいました。さらにはビデオの録画を見せて第三者にも判断してもらいました。

その結果、お医者さんは、自分の医者としての腕前を高く評価していましたが、患者さんと第三者にはそんなに高く評価されないこともわかりました。患者さんと第三者の判定はかなり一致していました。


お医者さんに限らず、私たちは自分のことを過大評価しがち。

なかなか本当の自分の愚かさを知ることができません。

そういうわけで、**ほかの人から耳に痛いことを注意されたときには、しっかりと受け止めてください。**

「自分の評価は思ったほど高くない」ということがわかることは、ちょっぴり傷つくかもしれませんが、自分の愚かさに気づくことができるまたとないチャンスです。

「なるほど、ほかの人には私はそんなふうに見えてしまうわけか」ということがわかれば、将来的にどうすればいいのかの道筋を見つけることができます。

自己改善するためには、まず自分の欠点をしっかりと知る必要がありますが、自分自身ではなかなか欠点に気づくことはできません。ですので、ほかの人が指摘、あるいは注意してくれたときにはそれを真摯《しんし》に受け入れるべきなのです。

タモリさんの教え 注意やアドバイスを受けたら「ありがたい」と感謝する

「自分はまだ若造」と思っていると、ずっと若いままでいられる

自分のことは、いつまでも子どもだと思っていたほうがいいですよ。何歳になっても、「私なんてまだまだひよっこだ」とか、「私なんて青二才だ」と思っていたほうが、精神的に若々しくいられますから。

タモリさんは、自分の精神年齢がかなり若いと思っているようです。

「僕はずっと流されて生きてきたんですよ。流れに乗ってるだけなんです。自分で動かないんですよね。（中略）大人じゃないんですね。成熟してないんですよ」

（『ターザン』 1998年10月28日号 p58）

自分が成熟した大人ではないということを自己認識できるのは、立派に老成している証《あかし》で

あろうとも思うのですが、ともかくタモリさんは自分を若造のように思っていることは間違いありません。

読者のみなさんも、**できるだけ自分のことを子どもだと思うようにしてください。**そのほうがいつまでも元気なままでいられますから。

フランスにあるモンペリエ大学のヤニック・ステファンは、1995年から1996年と、2004年から2005年に行なわれた全米の中高年生活調査（3209名）と、2008年と2012年に行なわれた健康と退職研究（3779名）と、2011年と2013年に行なわれた健康と加齢傾向調査（3418名）について分析し、3つの研究ともすべてで、「主観的に老けている」と感じている人ほど、病気になりやすいことを突き止めています。

「いやあ、私も老けたな」と心理的に思っていると、身体のほうもどんどん弱ってしまいますので注意してください。

「私なんてまだまだ若造」だと思っていたほうがいいですね。若いと思っていたほうが、自己暗示の効果もあって、いつまでも若々しくいられるのではないかと思われます。

政治の世界では、高齢の議員も現役で活躍しているので、50歳になっても60歳になっても、「まだまだ洟垂《はなた》れ小僧」と言われるという話を聞きますが、自分のことを洟垂れ小僧だと思えるのは、悪いことではありません。政治家には高齢でも元気な人がたくさんおりますが、主観的に老けたと思わないので元気でいられるのでしょう。

「私はずいぶん老けた」と思ってはいけません。主観的に老けたと思っていると身体も老け込んでしまいます。

たとえ何歳になっても、私は中高生くらいだと思っていたほうがいいですよ。精神年齢が若いほうが、身体もずっと若いままでいられます。

タモリさんの教え

いつまでも若々しくいるために、自分を若造だと思う

タモリさんは自分をベテランだと思っていない

ある航空会社で、お客さまからのクレームが多い客室乗務員についての調査が行なわれたことがあります。

ごく普通に考えれば、ベテランの客室乗務員のほうがクレームは少なそうだと思うのですが、実際に調べてみると、クレームが少ないのは新人の客室乗務員のほうでした。

なぜでしょうか。新人の客室乗務員は、たしかにあらゆる作業に時間がかかりますし、手際が悪かったりもするのですが、それでも額に汗を浮かべて必死に頑張っている姿を見せるので、お客は何も文句を言わないのです。

その点、ベテランの客室乗務員は仕事ぶりはよいものの、お客からすればなんとなく冷たく素っ気なく感じるというか、機械的に扱われているように感じてしまうので、それがクレームにつながるのです。

おそらくどの業界においても事情は似ていると思います。不思議なことなのですが、ベテ

ランが必ずしもお客からのウケがよい、というわけではありません。

スーパーのレジ係の店員さんでも、胸元に「研修中」といったネームプレートがあれば、レジを打つのが遅くてモタモタしていても、お客は文句を言わないのではないでしょうか。むしろ「ゆっくりでいいですよ。僕は急いでませんから」などと温かい励ましの言葉をかけるのではないかと思います。

タモリさんはというと、さすがに新人とまではいきませんが、それでも自分のことをベテランだなどとはこれっぽっちも思っていないようです。

> 「自信がないんですよね。慣れないというか。ベテランという意識もないし、いまだに中堅ぐらいの意識ですよ」
>
> （『SWITCH』 2015年5月号　p74）

タモリさんのような気持ちで仕事に取り組みましょう。「私はベテランなんだぞ」などとはつゆほども思ってはいけません。

ニューヨーク州立大学のデビッド・ワルドマンは、年齢と生産性、そして職場の人からの評価について調べた40本の論文を総合的に分析し、「年齢が上がるほど、生産性は上がる」という傾向と、「年齢が上がるほど、逆に評価は低くなる」という結論を得ました。

年齢が上がってベテランになると、仕事にも慣れるので、生産性は上がるのです。これは間違いありません。ところが、そういうベテランが好ましく評価されるのかというと、どうもそうではないらしく、むしろ若い新人のほうが評価はよかったりするのです。

どんなにベテランになっても、気分的にはまだ新人くらいだと思っていたほうが、フレッシュな気持ちで仕事に取り組めるでしょうし、周囲の人からも好ましく評価してもらえるかもしれません。

タモリさんの教え ベテランになっても、新人時代の気持ちを持ち続ける

悩んだときに気分転換できる簡単な方法

人はだれでも思い悩むことがありますが、タモリさんもやはり人の子ですので、悩むことはあるそうです。

ただし、その時間はというと、3秒（笑）。本当に悩んでいるといえるのかどうかは微妙ですが、すぐに気分転換できるのはうらやましいですね。

「何でも行き当たりばったりだし。ホントにこれでいいのかと、自分の性格について悩むことがありますよ。3秒ぐらいね」

（『週刊読売』1995年1月22日号　p145-146）

気分転換のコツは、「もし悩んだら、○○する」ということを自分なりにあらかじめ決め

ておくこと。「こうすると私はすぐに気分が変わる」という方法を決めておけば、そんなに悩まずにすませられます。

すぐに気分転換をしたいのであれば、踊ってみてください。

いきなり踊り出すと周囲の人もびっくりしますので、非常階段や給湯室やだれもいないトイレなどで踊るのだということも忘れずに。

ダンスが苦手な人でも、うまいダンスをする必要はありません。身体をゆらゆら動かして、面白おかしく踊ってください。盆踊りでも何でもかまいません。落ち込んだ気分も、すぐに元通りになると思いますよ。

ドイツにあるハイデルベルク大学のザビーネ・コッホは、うつに悩む参加者を集め、

①アップテンポの曲に合わせて踊る

②同じ曲を踊らずにただ聴く

③エクササイズ用の自転車をこぐ

という3条件での気分の変化を調べる実験をしてみましたが、どのグループも気分はよくなりましたが、ひときわ明るくなれたのは、①の踊るグループでした。

「ホイ、ホイ、ホイ」とおかしな掛け声をかけてしばらく踊っていれば、何だか悩んでいる

のがバカらしくなってきます。気分もよくなります。

踊りの見本になるものがほしいというのであれば、ユーチューブで愉快なダンス動画を探してみてください。いくらでも見つかると思いますので、自分なりに好きな動画を決め、自分も真似して同じように踊ってみるのです。

気分転換の方法はたくさんありますが、「踊る」という方法は読者のみなさんも試したことがないと思いますので、ぜひご自分でその効果を確認してみてください。私も自分で試してみましたが、すぐに楽しい気分になりました。

上司に叱られてしまったとか、仕事でミスをしてしまって気分がしょんぼりしてしまったときには、踊るチャンス。ぜひ一度はこの方法も試してみてください。

タモリさんの教え

悩んだときの「自分なりのルール」を決めておく

できるだけ「気にしない」生き方をしよう

小さなことをいつまでも悩む人がいます。ほかの人から見れば「どうでもいいこと」にこだわりつづけるのです。神経質で過敏な反応をする人によく見られます。

太りたくないという気持ちはわかりますが、食べ物のカロリーをすべて調べ上げたり、食の安全に不安があることはわかりますが、食料品を買うときに成分表をすべて確認してからでないと買い物ができなかったりするのだとしたら、いささか過敏すぎるといえます。

どうでもいいことに悩むのをやめましょう。

だれかがしゃべっているとき、「まさか、私の悪口を言っているのでは？」などといちいち過敏な反応をしてはいけません。疲れてしまいます。

「『こんなつまらないことにこだわっていたのか』と気づくと、かえって楽になれるからで、『同時に打たれ強くもなる』という」

（『PRESIDENT』 2017年9月18日号 p78）

タモリさんはできるだけ気にしない生き方をしているようですが、そうは言っても小さなことに過敏反応してしまう人はいるでしょう。そういう人は具体的にどうすればいいのでしょうか。

そんな人にオススメなのが、リラクゼーション。ニューメキシコ州立大学のシンシア・アンガーは、ストレスに過敏に反応しやすいかどうかを調べるテストをし、35分間の漸進的リラクゼーションを実施しました。

漸進的リラクゼーションというのは、何やら難しそうな方法のように聞こえるかもしれませんが、①筋肉にグッと力を入れ、そのまましばらくキープ、②一気に力を抜いて脱力状態、ということをくり返すだけの簡単な方法です。

まずは腕に力をグッと入れて、一気に力を抜きます。それが終わったら、肩、お腹、背中、足、などいろいろな部分で同じ手順をくり返すのです。

いきなり「身体の筋肉の力を抜いて、リラックスしてください」と言われても、普通の人はなかなかうまくできません。まずは逆に筋肉を緊張させ、それから脱力したほうが、かえって筋肉はリラックスできるのです。

アンガーはこれを被験者に35分間やらせてみたのですが、ストレスに過敏に反応しやすい人ほど、リラクゼーションの効果は大きいことがわかりました。また、漸進的リラクゼーションの後には、喜びを感じやすく、活力も高まることがわかりました。

「どうも私は小さなことをいつまでもクヨクヨと思い煩《わずら》ってしまうのだよな」という自覚があるのなら、ぜひ漸進的リラクゼーションを試してみてください。

ネットで検索すれば、シンプルな漸進的リラクゼーション法のやり方も調べられると思いますので、そういうものも参考にしてみるといいでしょう。

タモリさんの教え 小さなことで悩まないために、リラクゼーションの時間をとる

タモリさんがやっている〝なりすまし〟社交術

タモリさんは、中華料理店の店主や大学教授など、いろいろな人の物まねが巧みです。普通の人は絶対にそんなことをしないでしょうが、タモリさんは趣味的に、いろいろな職業の人になりすますのがお好きなようですね。

タモリさんは新聞を読みますが、その読み方がユニークです。さすがにタモリさんは人とはちょっと違います。

「〝なりすます〟芸をやるために新聞を隅から隅まで読んでるんだ」

(『女性セブン』 2014年4月10日号 p58)

同じ雑誌の記事の中で、タモリさんはタクシーの運転手に自分を「空間デザイナー」と偽ってなりすましたことがあるとも語っています。すごいですね。私にはとてもできそうにありません。

内気で引っ込み思案であることに悩んでいるのなら、「とびきり社交的な人」になりすましてみるのはどうでしょうか。これはなかなかいいアイデアです。

「いやいやいや、内藤先生。そんなのムリですよ！」と思う読者もいらっしゃるかもしれませんが、ほかの人にはみなさんが社交的な人になりすましているだけだとは絶対に気づかれませんので安心してください。

スタンフォード大学のポール・ピルコニスは、内気さを測定するテストで7点満点中4点以上の人（とても内気な人）と、1点か2点の人（全然内気でない人）を集めて、スピーチをしてもらいました。地元の赤十字からの依頼ということで「もっと献血しよう！」と訴える内容のスピーチです。

スピーチのときにはできるだけ社交的にやってもらいました。また、そのスピーチを録画しておいたものを別の10名の判定者に見せて印象も聞きました。

スピーチの後、「どれくらいうまくスピーチできたと思いますか？」と聞いてみると、とても内気な人は「全然うまくできませんでした」と自己評価していましたが、10名の判定者から見れば、内気でないグループの人とスピーチのうまさは変わりませんでした。

内気な人でも、社交的な人の振りをしていれば、相手にはそんなにわからないのです。「まったくダメ」だと思っているのは本人だけで、ほかの人には気づかれません。ですので、堂々となりすまして大丈夫なのです。

もともとの自分の性格はどうでもかまわないので、偉い人や謙虚な人、よく笑う陽気な人や怒りっぽい人など、いろいろな人になりすましてみてください。いろいろな性格を演じるのは楽しいですし、いろいろな自己を見つけることができるかもしれませんからね。

タモリさんの教え さまざまな性格を演じれば、対人関係はラクになる

仕事以外の趣味を持つことの大切さ

タモリさんがジャズを始めとする音楽や鉄道、ダム、坂道、地層などいろいろな趣味を持っていることは有名ですが、読者のみなさんも仕事以外のところでいろいろな趣味を持ってください。

タモリさんは大きくわければお笑いタレントではありますが、お笑いの勉強にはあまり力を入れず、そのほかのことに熱心です。タモリさんがそういう人になったのは、漫画家の赤塚不二夫さんの教えの影響もあるのだそうです。赤塚さんは、タモリさんに次のように教え諭したのでした。

「『お笑いをやるなら、お笑いは見るな』と言っていました。ほかの分野のほうがよほど参考になるし、ネタになると」

（『文藝春秋』 2008年10月号 p161）

仕事以外のことに力を入れるのはだれにとっても大切です。仕事以外のところから、仕事に役立つインスピレーションがわくこともありますから、決してソンにはなりません。

ミシガン州立大学のロバート・ルート＝バーンスタインは、1901年から2005年までのノーベル賞受賞者、全米科学アカデミー会員、ロイヤル・ソサエティ会員、シグマ・サイ会員（科学者と技術者のための非営利の名誉協会）など510名の科学者について、その趣味や副業を調べてみました。

なんとなく科学者というと、自分の研究だけに没頭しているようなイメージがありますが、そのイメージは大間違い。科学者の多くは、多彩な趣味を持っています。自分の研究以外のところから科学的な創造力を得ていたのです。

ルート＝バーンスタインによりますと、科学者の趣味で多いのは、絵画、彫刻、ダンス、ガラス吹き、写真などでした。物理学者は音楽を好み、絵画や演劇は好まない、という面白い傾向があることもわかりました。そういえばアインシュタインはバイオリンを演奏するのが好きだったという話を聞いたことがあります。腕前のほうはイマイチだったとも聞きますが。

全体として科学者が一番好むのが写真。いろいろな写真を撮るのが好きな人が多いようです。

ノーベル賞級の学者でも、研究以外のことをまったくやっていないのかというと、そうではありません。いろいろな趣味を持って、自分の人生に彩りを加えているようです。

「仕事以外のことを何もやっていない」という人は、何でもいいので趣味を持つようにしてください。趣味をやるのは楽しいことですし、そのことが人生にも好ましい作用をもたらしてくれるかもしれませんから。

タモリさんの教え

趣味を多く持つことが、人生に彩りを与える

変わったことをせず、淡々と生きていくのが長生きのコツ

ハロウィンやら、クリスマスやら、自分のお誕生日などのイベントのとき、私たちはついついはしゃぎすぎてしまいます。お酒を飲みすぎたり、おいしいものを食べすぎたりもします。

たとえイベントがあっても、できるだけ普段と変わらないように、淡々とした気持ちでいたほうがいいですよ。

「そんなことではイベントを楽しめないではないか」と思われるかもしれませんが、まさにそうです。イベントを楽しんではいけないのです。

はしゃぎすぎると、どうなるでしょうか。当然、血圧も心拍数も上がりますよね。それが心臓に思わぬ負担をかけ、生命を奪ってしまうこともあるのです。

英国バーミンガム大学のダグラス・キャロルは、1998年のワールドカップで、母国イングランドの試合の後の急性心筋梗塞を調べました。すると宿敵アルゼンチン戦の試合の2日後までは、普段よりも25％から30％も急性心筋梗塞になる人が増えることがわかったので

す。

誕生日というイベントは、若い人にとってはうれしいイベントかもしれませんが、年をとってくると、「私はこのままでいいのか」などと、いろいろなことを考えて悩んでしまうイベントでもあります。

米国ニュージャージー州にあるストックトン大学のデビッド・レスターは、誕生日の28日以内の自殺者が増えることも突き止めています。誕生日を強く意識すると、気分が落ち込むからでしょうか。

どんなイベントがあっても、ごく普通にしていたほうがいいのです。

実際、タモリさんはそうしています。２０１１年11月22日の「テレフォンショッキング」で、次のようにタモリさんは語っています。

「俺はすべての記念日（のパーティは）やんない。自分の誕生日もやんないもん。（プレゼントも）受け付けない。（他人にも）ほとんどあげない。もらわない、あげない。年賀状出さない」

（戸井田誠　2022『タモリ学』文庫ぎんが堂　p28）

タモリさんは、いささか頑なすぎかなとも思えますが、変わったことをせず、淡々と生きていくのが長生きの秘訣だということをよくわかっているのかもしれません。

さて、読者のみなさんに「イベントを楽しむな」とアドバイスしながら恐縮してしまうのですが、私自身はというと、イベントごとが大好きなので、ついついはしゃぎすぎてしまいます。本当はよくないと思うのですが、性格的なものもあり、なかなか思うようにはいきません。

タモリさん
に学ぶ

第4章

誰とでも
気楽に付き合える
老後の賢い
社交術

タモリさんは「少数限定」で人付き合いをしている

年をとってきたら、若い人ほどのパワーは出せません。何をするのも億劫《おっくう》になるわけで、それは人間関係も同じ。

ですので、できるだけ付き合う人数は制限しましょう。**一緒にいても疲れない人とだけ限定でお付き合いするのがコツ**です。

人間関係はただでさえ疲れてしまうもの。

若いうちなら、自己成長にもなりますし、自分の見識を深めることもできるので、いろいろな人と我慢して付き合ってもよいのかもしれませんが、年をとってきたら、そういう我慢はしないほうがいいでしょう。

タモリさんはというと、自分が疲れないように「おバカさん」限定でのお付き合いをしているようです。

「ずーっと一貫してるのは、仲のいいともだちはバカっぽいやつばかりだったっつうことですね」

（戸井田誠　2022『タモリ学』文庫ぎんが堂　p212）

ドジョウは濁《にご》った泥水のような場所が大好き。アユが棲むような清らかなところではかえって落ち着きません。タモリさんにとっては、キラキラした人たちよりも、おバカさんたちと一緒にいるときのほうが落ち着くのでしょう。そこで、そういうおバカさんたちとの交友に絞っているわけです。

カリフォルニア大学のグロリア・ルオンによりますと、年配者のほうが、若い人に比べて一般に人付き合いの満足度が高いそうです。

なぜかというと、年配者は自分が気持ちよく付き合える人を選んで、その人としか付き合わない、つまり、「最適化戦略」をとっているため。若者のように頑張ってイヤな人とも付き合おうとしないので、満足度が高くなるのです。

同じような結果は、スウェーデンにあるウプサラ大学のラース・トーンストンも報告しています。

トーンストンが52歳から97歳の男女50名を対象に調査したところ、年をとってくると、付き合う人を選ぶようになり、多くの人と付き合うよりは、少数の気の合う人との深い付き合いを好むようになることがわかりました。

たいていの人は、ある程度の年齢になってから人間関係を絞り込むわけですが、タモリさんは、この戦略を若い頃からとっていたようです。そのため、あんなに生き生きしていられるのでしょう。

タモリさんをよく知る山下洋輔さんも次のように語っています。


「普通はタレントとしてある程度になると自分が親分になってグループを作るんだけど、タモリは一切そういうことしないからね」

（『クイック・ジャパン』（Vol.41）2002　太田出版）


だいたいだれにとっても、人生で一番のストレスはというと人間関係。したがって、**タモ**

リさんのように「少数限定」にすれば、ストレスを感じずにすませられることを覚えておきましょう。

タモリさんの教え

年をとったら、気の合う人とだけ付き合う

人から好かれようとしなくてもいい

若い人は、できるだけ人に好かれたいと願うものです。ほかの人が自分をどう思っているのかが気になって仕方がありません。

人付き合いで疲れないコツは、「別に好かれなくたっていいや」と割り切ること。他人の評価を気にするから疲れてしまうのです。好かれなくともかまわないと割り切れば、そんなにストレスも感じません。

カナダにあるマギル大学のシガリット・ローネンは、5つのホテルチェーンの従業員を対象に、どれだけ職場の同僚たちからの評価を気にしているのかを質問しました。また1ヶ月後にどれだけストレスを感じるのかも尋ねました。

その結果、他人の評価を気にしたり拒絶されたりしないようにしている人ほど、ストレスの度合いが高いことがあきらかにされました。

ほかの人が自分をどう思っているのかなど、気にしなければいいのですよ。

そうすれば、人付き合いでピリピリしないですみます。

芸能人は人気商売ですから、一般大衆からどれくらい自分が受け入れられているかが気になると思うのですが、タモリさんはというと、ちっとも気にしていないようです。

小説家でもあり、ラッパーでもあり、多彩なマルチクリエイターとして活動しているいとうせいこうさんは、タモリさんのどこが好きかという質問に対して、次のような答えをしています。


「笑いをほしがらないというか、ほしがるけれどしつこくしない。ライトの当たらないところに引っ込むような、あの都会っぽさですよね」

（『タモリ読本』2014 洋泉社MOOK）


タモリさんは、他人の評価を気にしません。おそらく、タモリさんにとっては自分のネタが受けようが受けまいが、好かれようが嫌われようが、どうでもいいことなのでしょう。

一般に、年をとってくると好かれようという気持ちが弱まってきて、そんなに他人の目も気にしなくなるのですが、人付き合いで疲れやすいと思うのであれば、ほかの人が自分をどう思っているかなど、気にしないようにするとよいでしょう。

スタンフォード大学のジェームズ・グロスによると、19歳から56歳のグループより、58歳から96歳の年配者のグループのほうが、感情のコントロールがうまくできるそうです。その理由は、年配になるほどあらゆる欲求を感じにくくなるから。

人に好かれたいという欲求が強いと、いちいち他人の目を意識しなければならなくなりますから、**人に好かれたいという欲求など最初から持たないようにしておくとよい**かもしれませんね。

タモリさんの教え

好かれなくてもかまわないと割り切れば、ストレスは感じない

人間関係は「偽善」でもいい

自分の気持ちに正直でいることは大切ですが、だからといってホンネで生きていこうとすると、社会生活はうまくいきません。

本当は会社の人となどお酒を飲みたくなくとも、上司や先輩から、「ちょっと飲んでく？」と誘われたときには、満面の笑みを浮かべて、「いいですね！」と答えなければなりません。「あなたとなんて飲みたくないんだよ」と正直に言ってしまったら、相手のメンツは丸つぶれですから。

部下の提出してきた企画書があまりにもひどくて、「こんなのダメだよ、全部やり直し！」と本当は指摘したくとも、「うん、なかなかいいね。でも、ここと、ここと、ここだけ直してくれるかな」と少しだけ気を遣った表現をしてあげないと、部下からの信頼を失ってしまうでしょう。

結局のところ、**人間関係というものは偽善的にやらざるを得ません。**

そのほうが相手との関係がよくなるのですから、「まあ、仕方ないか」と自分を納得させてください。ホンネをむき出していたら、人間関係は成り立ちません。

生き馬の目を抜く芸能界で生き抜いてきたタモリさんも、はっきりと偽善の有効性を認めています。

「最近、人間関係をうまくやるには、偽善以外にはないいんじゃないかって思ってるんです」
（『ほぼ日刊イトイ新聞』 2003年12月24日）

偽善は、人間関係になくてはならないものであり、偽善は人間関係の潤滑油。「本当はイヤなんだけど……」と思っても、そういう気持ちをむき出しにしてはいけないのです。

カナダにあるトロント大学のサマンサ・ジョエルは、132名の恋人のいない大学生にそれほど魅力的でもない人の写真とプロフィールを見せて、「この人とデートできますか？」と聞いてみたところ、37%は受け入れると答えることがわかりました。

4割近くの人は、好きでもない人とでもデートができるのです。

ジョエルによると、その理由は、「相手を傷つけたくない」という配慮が働くからだそうです。

私たちは、口では理想の異性について あれこれとたくさん条件を挙げるものですが、現実には理想ではない異性から誘われたとしてもそんなに断らないのではないか、とジョエルは論じています。

「スリムで、髪の長い女の子じゃないと絶対にお付き合いしない」と公言してはばからない男性でも、現実には、ぽっちゃりで髪の短い女の子ともお付き合いしてしまうことは少なくありません。

結局、相手のことを考えて行動しようとするとき、私たちはいくらでも自分の態度を変えることができますし、その意味ではだれでも偽善者であると言えるのです。

タモリさんの教え

「人間関係は偽善」と割りきると、ラクになる

老後はなるべく同じグループと付き合おう

心理学では、自分の属する集団のことを**「内集団」**、属さない集団のことを**「外集団」**と呼んでいます。相手が内集団になるのか、それとも外集団になるのかは、カテゴリーによって変わってきます。

たとえば、日本人にとっては日本人が内集団になりますし、外国人は外集団ということになります。また、同じ世代の人が内集団、違う世代は外集団という分け方もできるでしょう。関東で生まれ育った人は関東人が内集団で、北海道や九州の人が外集団ということになります。

さて、付き合っていて気がラクなのは、内集団。

というわけで、**付き合いはなるべく内集団に限定したほうがいい**かもしれません。タモリさんはというと、やはり自分の内集団の人と付き合うように意識しているようです。

「基本的な俺の姿勢は、若い奴らは若い奴らでやればいい、ということ。俺たちもそうやってきたわけだしね。同じ年代同士でやればいいんで、かかわりあいなんて必要ない」
（高橋章子　1990『どっかおかしい』講談社文庫）

外集団の人とはムリにお付き合いしなくてかまいません。なぜかというと、一般論として、私たちは内集団の人は受け入れますが、外集団の人に対しては心理的に拒絶するという傾向があるからです。

英国ランカスター大学のマーク・レヴィンは、この傾向をユニークな実験で確認しています。

レヴィンは、サッカーチーム、マンチェスター・ユナイテッドの熱烈なサポーターの男子学生を集め、サッカーに関して、「どのチームのファンですか?」「年間、どれくらい試合観戦に出かけますか?」などとインチキなアンケートを実施しました。

それから別の建物に移動してもらうのですが、その移動中には、足を挫《くじ》いて座っている人を見かけることになっていました。足を挫いて座っている人は実験協力者のサクラで本当に

私たちは、自分にとっての内集団にはやさしく接する

	マンチェスター・ユナイテッド	普通のシャツ	リバプールFC
助けた人	12人	4人	3人
助けない人	1人	8人	7人

（出典：Levine, M., et al., 2005より）

足を挫いているわけではありません。そのサクラに声をかけたり、助けてくれるのかを、こっそりと観察してみたのです。

ただし、サクラは、あるときにはマンチェスター・ユナイテッドのシャツを着ていました。またあるときにはライバルチームのリバプールFCのシャツを着ていました。さらに比較のためのコントロール条件としてサッカーとは関係のない普通のシャツを着ていることもありました。

さて、実験参加者が手助けをしてくれる人数はというと、上のようになりました。

自分と同じチームのファンであることがわかるとき、すなわち「この人は、私の内集団だ」ということが一目瞭然の条件では、声をかけたり、助け起こそうとすることがわかりますね。外集団だとわかるときには、そういう援助の気持ちもあまり起きないようです。

お年寄りにとっては、言うまでもなく、自分と同じような年齢の人が内集団になりますから、ムリに若者と付き合おうとしなくてもいいのです。どうせ拒絶されるに決まっていますから、最初から若者と付き合おうとしないほうがよいのです。

タモリさんの教え

若い人と無理に付き合うと、それがストレスになる

年をとったら、聞き役に徹しよう

タモリさんは、ゲストにたくさんしゃべらせて、自分はあまりしゃべりません。あくまでもゲストを立てて、自分は見事なほどに聞き役に徹するのです。もちろん、自分から話題を切り出すこともありますが、ゲストがその話題に乗ってきたと思ったら、あとはゲストに話したいだけ話してもらいます。

タモリさんは番組の主人公というよりは、脇役というか、引き立て役というか、裏方というか、そういう役割を好みます。

「本来は大御所として中心であるべきなのに、自らを〝日陰者〟と称し、その役に徹しているからこそ、周囲に気を使わせないでいられるのだと思います」

（『DIME』 2014年12月号 p9）

私たちもタモリさんを真似て、自分から話すのではなく、相手に気持ちよくなってもらうために話したいだけ話させるようにするといいでしょう。自分は聞き役に徹するのです。そうすれば相手には好意を持ってもらえますし、人間関係も円満になります。心もスッキリしますし、相手との人間関係でのストレスは大幅に軽減できるでしょう。

聞き役に徹するといっても、やってみてもらえばわかりますが、かなりの忍耐を必要とします。私たちは自分でもしゃべりたくなってしまうのです。けれども、そこは我慢してください。しっかりと聞き役に徹すれば、間違いなくみなさんは好かれます。

イリノイ州立大学のスーザン・スプレッチャーは118名の大学生を集め、面識のない2人をペアにして、ランダムに話し手と聞き手に分けました。話し手は、実験者から質問を受けたら（たとえば、「もし好きなところに旅行できるなら、どこ？　その理由は？」など）、その質問に対して最大4分間、話すことになっていました。

聞き手に割り振られた学生はというと、おしゃべりは禁止。できることは、相づち、アイコンタクト、そして微笑みだけでした。

やりとりがすんだところで、お互いに相手をどれくらい好ましく感じたかを教えてもらうと、聞き手は話し手のことをそんなに高い点数をつけませんでしたが、話し手は聞き手をものすごく好意的に評価することがわかりました。

私たちは、静かに黙って自分の話を聞いてくれる人に好意を感じるのです。

ただ聞き役に徹するだけで、読者のみなさんも人気者になれます。相手がしゃべっているときには、自分からは何も言わず、ただ相づちを打っていればよいのです。

カウンセラーやセラピストや医師は、ときとして相談を受けている患者から恋愛感情を持たれてしまうこともあるのですが、その理由は患者の話をしっかりと聞いてあげるから。話を聞いてもらえると、私たちはその相手をすぐに好きになってしまうという証拠でしょう。

タモリさんの教え

聞き役に徹するだけで、人間関係は円満になる

老後は、うわべだけの付き合いで十分と割り切る

タモリさんというと、ものすごく幅広い人脈を持っているようなイメージがあります。私たちには想像ができないほど、たくさんの人とお付き合いしているように思ってしまうのですが、どうもそういうイメージとは真逆のほうが真実に近いようです。

実際のところ、**タモリさんはそんなに積極的に人脈を作ろうともしていません。**

大橋巨泉さんによると、タモリさんはどちらかというと孤独を好むようなところがあって、そんなに人間関係には積極的でもないのです。

「タモリとたけしの違いは、たけしは軍団を作るでしょ？　これは萩本欽一もそうだけど、周囲に弟子を囲ませる。タモリは一匹でいる。近すぎる関係を避ける一線があるよね」

（『文藝別冊　総特集タモリ』2014　KAWADE夢ムック）

たいていの人は、うわべの付き合いよりも、「深い付き合い」を好みます。

ところがタモリさんは逆で、むしろ「近すぎる関係」をあえて避けるようにしているのです。

「うわべの付き合いなんて、つまらないのではないかなあ?」
「表面的な付き合いでは、楽しくもないのではないかなあ?」
「上っ面な付き合いでは、人間関係がダメになるのではないかなあ?」

なんとなくそんなふうに思ってしまう読者もいると思うのですが、心理学的にいえば、これは間違い。**うわべの付き合いでも、十分に満足は得られる**ことを知っておいたほうがいいかもしれません。

カナダにあるブリティッシュ・コロンビア大学のギリアン・サンドストロムは、242名の大学生を対象にして、講義の最終日に、知っているクラスメートの名前と、それぞれの付き合いの深さを尋ねてみました。

その結果、64%の付き合いは「うわべ」であることがわかりました。けれども、たくさんのクラスメートと付き合っている人ほど、幸せを感じていることもわかったのです。うわべの関係では満足できない、などということはありませんでした。

タモリさんほど長くテレビの世界で生きていれば、信じられないほどたくさんの人と出会っているはずですが、おそらくそのうちの9割9分は「うわべ」の関係だと思われます。

付き合う人が増えれば増えるほど、労力的にも時間的にも厳しくなります。すべての人と深く付き合うことなど、物理的に不可能なのです。

私たちもタモリさんを見習って、「うわべだけの付き合いでも十分」と割り切りましょう。

そんなに深く付き合おうとしなくてよいのです。疲れない人とだけ付き合えばよく、そのほかの人たちとは、うわべで仲良くしていればいいのです。

タモリさんの教え

「近すぎる人間関係」は、余計なストレスを生む

内気な人のためのタモリ流・小道具術

タモリさんといえば、真っ先に思い浮かぶのが黒のサングラス。タモリさんは小さな頃に片目を失明して仕方なくサングラスをかけていると私は思っていたのですが、もともとは「キャラ立て」の小道具だったみたいですね。

タモリの初レギュラー番組「空飛ぶモンティパイソン」のディレクターが「何か特徴をつけなきゃ」と自分の持っていたサングラスをかけさせ、それ以降おなじみのサングラスとして定着。デップで固めたヘアスタイルは、キヤノンのCFでヘアメイクがセットした髪型をそのままにして帰宅し、次の日は早かったのでそのまま出かけたのが、いつのまにか定着したらしい。

(『クイック・ジャパン』(Vol.41) 2002 太田出版)

タモリさんはサングラスをかけているわけですが、**サングラスという小道具は内気な人にも使えるという、優れた小道具**でもあることは意外に知られていません。

内気な人は、ほかの人と目を合わせるのがとても苦手。目を見つめられると、どうにも照れくさいと感じ、つい視線をそらしてしまうのです。

サングラスはそんな内気な人にとっては、まことに心強いアイテムであることが心理学では実証されています。

オーストラリアにあるマードック大学のピーター・ドラモンドは、サングラスをかけた状態、あるいはサングラスをかけない状態で、女性アシスタントとおしゃべりをさせ、赤面するかどうかを調べてみました。

すると、サングラスをかけない状態では、赤面してしまう人が多かったのですが、サングラスをかけていると、赤面しないことがわかったのです。

タモリさんは、失明しているためにサングラスをかけているわけですが、だからこそいろいろな人とあまり緊張せずに話ができるのではないかと思います。

タモリさんにとって失明したこと自体はアンラッキーだったかもしれませんが、サングラスをかけることにより、「だれとでもそんなに緊張せずに話せるようになった」ということからすると、むしろラッキーだったとさえ言えるかもしれません。

人に会うときに、どうもオドオドしてしまってうまく話せないということに悩んでいるのなら、視力にかかわらずメガネをかけてみるのはどうでしょう。

なかなかサングラスは難しいという方は、せめてメガネで代用してみましょう。

メガネをかけるだけでも、相当に緊張しなくなると思うのですが、どうでしょうか。

それにまた、メガネをかけていると「知的に見える」というおまけまでついてきますので、内気な人は視力が悪くなくとも伊達メガネをかけてみるのはよいアイデアだと思います。

タモリさんの教え

人前で緊張するなら、メガネやサングラスを利用する

他人に期待せずに生きると、人生はラクになる

タモリさんは人気タレントではありますが、「人気タレントになりたい」とか「人気タレントでありつづけたい」と思いながら仕事をしているわけではありません。人気タレントになれた（そしてありつづけている）のは、あくまでも結果でしかありません。本人はそういうものを期待しているわけではないのです。これは非常に大切なポイントです。

「オレは何事にも期待していないところがあるんだね」

（『週刊現代』 1993年3月27日号 p77）

人とうまくやりたいと思っても、それをあまり意識しすぎるのはやめましょう。そうしな

いと人付き合いが苦痛になってしまいます。

トルコのイスタンブールにあるイエディテペ大学のセルダ・コイデマーは、内気な人ほど人間関係に対して非現実的なほどの期待を持っていることをあきらかにしました。また、人に嫌われることや拒絶されることをあまりにも気にしすぎることも突き止めました。

内気な人が内気なのは、大きな期待を持ってしまっているから。

「出会う人すべてに好印象を与えなければ」
「自分の魅力を100％理解してもらえなければ」
「絶対に自分のよさに気づいてもらえなければ」

そんなふうに、非現実的なことを思っているから内気になってしまうのです。

内気であるのをやめたいなら、大それた願望など最初から持たないようにすることです。

最初から期待しなければ、人付き合いなんて怖くも何ともありません。

いつでも最高の自分を相手に理解してもらおうとか、魅力のすべてをアピールしようと思うからうまく話せなくなってしまうのであって、「好かれなくたっていいか」と割り切れば、人と話すのも怖くありません。

「自分の魅力を半分でもわかってもらえれば、十分に合格点」だと思っていれば、そんなに緊張もしません。１００点でなければならない、１００点でなければ失敗だと思うから人間関係が苦痛になるのです。

人間関係においては、そもそも１００点満点ということはありません。だれにでも少しは欠点がありますし、性格的にイヤなところもあるからです。完全無欠の人など、世界中を探してもいないのではないでしょうか。

それにまた、どんなに素敵な人でも嫌われるときには嫌われるのであって、これはもう本当に運まかせなところがあります。

というわけで、あまり人間関係には期待しないほうがいいですよ。そのほうが自然体でいられますし、メンタルを病むこともありません。

タモリさんの教え
最初から期待しなければ、人付き合いは怖くなくなる

努力はしてもいいが、「見せない」

日本テレビ系列局で放送されていた「今夜は最高！」のプロデューサーである棚次隆さんは、タモリさんがとても努力家であることについて語っています。

「歌や踊りも、もちろん前もってしっかり練習してきましたよ。しかもタモリは、ものすごく練習しているにもかかわらず本番では努力の跡をいっさい見せない。『努力』という二文字は彼が最も嫌いな二文字です。苦労話をしない。そこがカッコいいし、彼のすごさでもあるんですよ」

（『タモリ読本』2014 洋泉社MOOK）

タモリさんは、料理でも楽器の演奏でも物まねでも何でもかんでもできそうなイメージがありますが、実は、裏でものすごく努力をしているのです。ただ、その努力の跡をほかの人には見せないようにしているのです。そこがタモリさんの奥ゆかしいところだと言えるでしょうか。

たいていの人は、自分がいかに努力しているのかを全力でアピールしようとしますよね。

「私は、こんなに頑張っている！」
「僕は、人より一生懸命にやっている！」
「私は、毎日運動している！」

そんなふうに自分から努力していることをアピールするから、周囲の人に嫌がられてしまうのです。

努力はしてもかまいませんが、それを自分からアピールしてはいけません。奥ゆかしさを保って、だれにも内緒にしておくのがポイントです。

米国カンザス大学のアレクサンダー・ショーマンは、ある架空の女性のプロフィールを作って、それを実験参加者に読んでもらいました。

若作りの努力がバレると、あまり好かれない

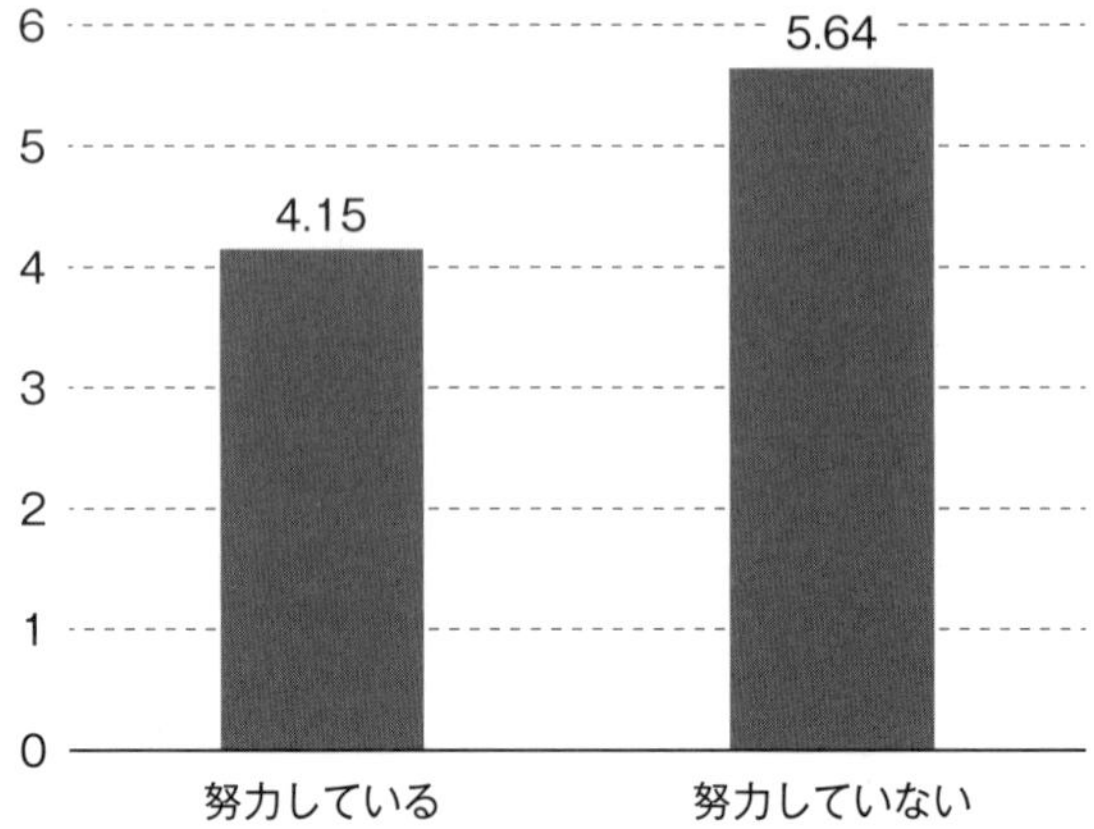

＊数値は7点満点
（出典：Schoemann, A. M. & Branscombe, N. R., 2011より）

ただし、プロフィールの一部は条件によってこっそりと変えてありました。「ジャニンは50代の女性。ジャニンは同世代の友人より、若く見える努力をしています。服装やしぐさも若々しく見えるように努力しています」というバージョンと「努力していない」とするバージョンのプロフィールを読んでもらったのですね。

それから、ジャニンに対する好意度を7点満点で評価してもらうと、上のような結果になりました。

若作りの努力をするのはかまわないのです。ただし、それはなるべく隠しておくべきなのです。**多くの人は、何かで努力をしていると、ついついほかの人にそ**

れを言ってしまうものですが、そういうものはできるだけ見せないようにするのが好かれるポイントです。

タモリさんの教え
努力はしてもいいが、それをアピールしてはいけない

相手によって対応を変えてはいけない

相手によって対応を変えるのをやめましょう。偉い人や地位の高い人にはペコペコしているのに、後輩や部下にはものすごく冷たい人がおりますが、そういう人ほど嫌われてしまうからです。

職場では紳士的なふるまいをしているのに、飲食店の店員に対しては横柄な態度をとる人もおります。そういうふるまいはとても嫌われるので注意してください。**だれに対しても丁寧な態度をとらなければなりません。**

タモリさんはというと、だれに対しても等距離というか、同じような付き合いをしているようです。

タモリさんと同じ事務所の後輩のプリンプリンの田中章さんは、次のように述べています。

「芸能界の大御所の方って、TVに出てるときと普段とで二面性があったりするじゃないですか。でも、タモリさんは普段もあのまま。酔ってもあのまま。一日中、ずーっとあの感じなんです」

（『タモリ読本』 2014 洋泉社MOOK）

私たちは、相手によって対応を変える人が好きではありません。

オランダにあるライデン大学のルース・フォンクは、上司に対してはコーヒーを持っていってあげたり、こびへつらったりするくせに、部下に対しては挨拶されても返さないような人物のプロフィールを読ませて、どれくらい好ましいと思うかと聞いてみたところ、相手によって対応を変える人が一番嫌われることをあきらかにしています。

たとえ冷たくとも、上司にも部下にも同じような態度をとっている人はというと、相手によって対応を変える人よりも好ましく評価されました。だれに対しても冷たいのなら、まだ許されるようです。

相手によって態度を変えるのはダメです。

時折、お酒を飲むと態度が豹変する人もおりますが、そういう人も気をつけたほうがいいでしょう。「酔っていたから」というのは、言い訳になりません。

私たちは、態度や行動が一貫している人が好きなのであって、態度が変わる人には嫌悪感を抱きやすいことも覚えておくとよいでしょう。

タモリさんの教え

誰からも好かれる人は、相手によって対応を変えない人

タモリさんに学ぶ、敵を作らずにのんびり生きていく方法

芸能人やタレント、あるいはスポーツ選手は、少し売れて有名になってくると、「あいつは最近生意気だ！」などとアンチに叩かれることが多くなります。

ところが、タモリさんはというと、あれほどの売れっ子なのに、なぜかあまり叩かれません。これはいったいどうしてなのでしょうか。

その理由は、**タモリさんがものすごく謙虚だから**。

芸能界の大御所であるにもかかわらず、タモリさんは偉ぶることがありません。いや、偉ぶるどころか、卑屈すぎるのではないかと思うくらいに謙虚です。

タモリさんが謙虚であることは、ご自身のことを次のように評していることからも推察できます。

「冗談じゃない！　あいつはなまけものですよ、台本渡しても覚えてこないし、その場で何とかごまかしちゃう。それを本人は〝現場主義〟とか言ってるけど、あれは才能でも何でもなくて根が不真面目でめんどくさがり屋なだけ」

（『週刊明星』　1982年3月25日号　p56）

ホメられると照れてしまうのでこんなことを言っているのかもしれませんが、それでもタモリさんが謙虚なことがよくわかります。

普通の人は、偉くなるにつれてどんどんイヤな人間になっていくものです。傲慢《ごうまん》で、鼻持ちならない人間になっていくのですね。ところが、タモリさんは逆。芸能界の大御所とか、ビッグ3などと言われるようになっても、決して偉ぶりません。

そういう謙虚さがあるからこそ、タモリさんに対するアンチが生まれないのではないでしょうか。

みんながタモリさんのファンになってしまうのは、タモリさんがびっくりするほど謙虚だから。謙虚な人は敵を作りません。

ノーザン・イリノイ大学のステファニー・ヘナガンは、４つの会社の不動産販売員について調査し、社内賞をとったりする優秀な花形販売員ほど、謙虚であることをあきらかにしています。

優秀な人は同僚たちから妬みや怒りなどの不快感を持たれやすいのですが、**優秀であっても謙虚なアピールをしている人は、敵を作らずにすませられる**のです。

私たちは、つい見栄を張って、自分を大きく見せようとしてしまうことが多いのですが、本当は自分を大きく見せようとするのではなく、むしろ小さく見せたほうがいいのかもしれません。そのほうが敵を作らず、のんびりと生きていけます。

タモリさんの教え

謙虚な人は、敵を作らずに生きられる

信用されたいのなら、だれに対しても等しい態度をとる

女性は男性とデートしているとき、自分に対してはものすごく紳士的にふるまってくれても、店員さんに横柄な態度をとったり、汚い言葉を吐いたりすると、非常にガッカリしてしまうものです。

人によってころころと態度を変える男性は、そのうち自分に対してもひどい態度をとるようになるのではないかと女性は疑ってしまうのです。

人付き合いにおいて大切なのは一貫性。

粗暴な性格なら、粗暴でもいいのです。粗暴であることで一貫しているのなら、「あの人はそういう人」ということですみます。少なくとも、だまされたとか、裏切られたと相手は思いません。

紳士的にふるまったり、粗暴にふるまったりと二面性があるのがいけないのであって、た

とえ悪い性格でも（怒りっぽいとか、能天気であるとか、おバカさんであるとか）、それでずっと一貫しているのなら、まだしも信用できますし、それに慣れてしまえばかえって付き合いやすいというものです。

カリフォルニア大学のポール・シンドラーは、ある製薬会社の社員にアンケートをお願いし、職場の対人信頼感において、重要性のランキングをつけてみました。

その結果、一番人気は「誠実さ」、2位は「有能性」（仕事ができること）、3位は「忠誠心」、そして4位に「一貫性」という順番になりました。ちなみに5位は「性格がオープンであること」です。

1位の「誠実さ」も、言ってみれば「裏表がない」ということで、4位の「一貫性」と類似の概念だと考えることができます。**一貫していることは、人から信頼感を勝ち取るのにとても重要**だといえるでしょう。

タモリさんは相手によって態度を変えません。テリー伊藤さんは、タモリさんのことをつぎのように形容しています。

「『テレフォンショッキング』のゲストが大物であっても、タモリさんの態度は少しも変わらない」

（『THE21』2014年6月号 p111）

タモリさんは相手が大物だからといって卑屈になりませんし、相手がデビューしたての若者であっても丁寧な態度で接します。決して、人によって態度を変えない。タモリさんが信頼されるのもよくわかります。

信用されたいのなら、できるだけだれに対しても等しい態度をとるようにしましょう。年が若いからといって冷たい言葉をぶつけるとか、重役だからといってペコペコしていたら、年をとってからだれからも信用されなくなってしまいます。

タモリさんの教え
だれに対しても同じ態度をとるのが、人から信頼されるコツ

年齢を重ねたら、手柄は喜んでほかの人に譲ろう

多くの人は名誉や名声をほしがります。私だってそうです。人に認められるのはとてもうれしいことですから。名誉なことはいくらでも自分に起きてほしいと思うのが普通です。ところが、世の中には、そういうものにはまったく頓着しない人がいるのです。そのひとりがタモリさん。評論家の竹村健一さんは、タモリさんについて次のように評しています。

「地位が上がり、年齢を重ねるにしたがって、名誉や勲章が欲しくなる人は少なくない。だが、たけしやタモリは大物になっても、自分のやりたいことをやっていて、肩書や勲章など求めていないのだろう」

（『Voice』 2002年5月号 p257）

もし自分が何かの業績を上げたとしても、そういうものはほかの人に譲ってあげてしまっ

たほうがいいでしょう。人間関係の達人はそういう気配りをするものです。

元総理の竹下登さんは、「人の悪口を言わない」ことで有名でした。竹下さんは敵を作らない性格で、口癖は「汗は自分でかきましょう、手柄は人にあげましょう」だったと言われています。そういう気配りの達人だったので総理になれたのでしょう。

手柄はどんどんほかの人に譲るのが正解ですが、「他人の手柄まで奪ってしまう」人が多いのが現実です。

カリフォルニア大学のジェームズ・ジョーダンは、１０５名のエンジニアに上司について評価してもらいましたが、「自分の手柄を奪う」上司のことをとてもひどく評価しました。

他人の手柄を奪う上司は少なくありません。「自分がきちんと指示を出し、監督したから部下が成功したのだ」とさりげなく手柄を奪ってしまうのです。部下にしてみたら、とてもやりきれない思いでしょう。

もし自分が何か業績を上げても、手柄はほかの人にあげてしまうようにしようとあらかじめ決めておけば、喜んであげることができます。「今回の手柄を譲ろうか、譲るまいか」とその場その場で決めようとすると、たいていの場合は「譲らない」ほうを選択してしまいますから、自分の中のルールとして、「いつでも手柄は快く人に譲る」ということを決めておくとよいでしょう。

「そんなことをしていたら、せっかくの自分の頑張りを評価してもらえないではないか」などと器《うつわ》の小さいことを言ってはいけません。みなさんの努力と頑張りは、ちゃんとほかの人にはわかってもらえているはずですから、気にしなくていいのです。

タモリさんは名誉などこれっぽっちも求めていないでしょうが、わかる人にはわかってもらえているでしょうし、竹下登さんは喜んでほかの人に手柄を譲っておりましたが総理にまでなれました。読者のみなさんも同じように周囲の人には理解してもらえているでしょうから、何の心配もいらないのです。

他人に手柄を譲っていれば、人間関係でこじれることもありません。ストレスもなく、のびのびと生きていくことができます。

タモリさん
に学ぶ

第5章

年をとってからの
ストレスフリーな
仕事術

長生きしたいのなら、ムリをしない

全力で仕事をしてはいけません。理由は単純で、そんなことをしていたら自分の身体も心も壊れてしまうから。**いつまでも健康に仕事をし、長生きしたいのなら「ムリをしない」ことが大切**です。

タモリさんは、全力を出さず、「ゆる〜く」仕事をしています。

「かつて朝日新聞のインタビューで長寿番組の秘訣を聞かれて、タモさんは『できるだけ薄味にすること』と答えている」

（『CIRCUS MAX』 2013年10月号　p35）

ゆるく仕事をし、そんなに本気を出さないからこんなに長く仕事をつづけられるんだよ、ということをタモリさんは言いたいのでしょう。

毎日、本気を出して全力で生放送の番組をやっていたら、メンタルも壊れてしまいます。

タモリさんにとって、「笑っていいとも！」は、「森田一義アワー」と自分の名前の入った冠番組。普通の人ならついつい全力を出してしまうところですが、タモリさんは「出さない」ように気を配っていたのですね。


オランダのユトレヒト大学のアーノルド・バッカーは、154名の高校教員について調べ、**「燃えつき感染」**という現象が見られることをあきらかにしました。

日本でも学校の先生の「燃え尽き症候群」が問題になっておりますが、学校の先生というのはもともと生徒が好きで、生徒の指導に熱意を持った人たちがなるものです。

平日には、放課後にも試験の採点をしたり、翌日の授業の準備をしたり、普通の企業でいうサービス残業も厭《いと》いません。週末には休みたいのがホンネでしょうが、顧問の部活動にも参加します。給料は出ないのに。そういう熱意の先生が多いのです。

そういう熱意のあるほかの先生たちと同じ職場で一緒に仕事をしていると、それに感化されて、自分も燃え尽き症候群になるまで仕事に取り組んでしまうのです。これをバッカーは「燃えつき感染」と呼んだのでした。

もちろん仕事に本気で取り組むことは大切ですが、自分の心身を損ねてまで働かなければならないのかというと、それには疑問符がつきます。

タモリさんのように少し自分を〝抑え気味〟にしないと、長くは働けませんから、その点には注意をするようにしましょう。

タモリさんの教え

無理をしないことが、健康長寿につながる

健康のために、ちょこちょこ仕事の手を抜く

どんな仕事であれ、自分に与えられた仕事には全力で取り組まなければならない。もし読者のみなさんが、そんなふうに思っているのだとしたら、それは大間違い。もちろん仕事にはまじめに取り組むべきなのは言うまでもありませんが、すべての仕事に対して1から10まですべてに本気を出していたら、身も心も持ちません。

若いうちにはすべての仕事に全力投球してもよいでしょうが、ある程度の年齢になりましたら、「まあ、これくらいでいいか」といういいかげんさも必要です。仕事に対してはちょこちょこと手を抜くことも覚えたほうがいいかもしれません。

ラテン音楽を中心に活動しているマンボミュージシャンのパラダイス山本さんは、タモリさんの仕事ぶりに関してこう評しています。

「タモリさんは本当に好きなことと芸能の仕事を、きっちり線引きできている人ですから。そのぶん、この企画は活き活きとやっているなとか、これは完全にお仕事モードだなとか（笑）、そのへんがひと目でわかっちゃう」

（『タモリ読本』 2014 洋泉社MOOK）

タモリさんも、お気楽モードで手を抜いていることもけっこうあるみたいですね。私は、タモリさんがダラダラしながら仕事をしている姿が大好きですが。

話は少し変わりますが、読者のみなさんは、自分の仕事を「天職」だと思っていたりしませんか。

だとしたら、心身の健康に気をつけてください。

なぜかというと、「天職だ！」と思っている人ほど健康を害してしまうリスクが高くなるからです。

ワシントン大学のスチュワート・バンダーソンは、アメリカとカナダの動物園で働く157名の飼育員にいろいろなことを調査させてもらいました。

その結果わかったことは、「私の仕事は天職だ」と感じている人ほど、給料が安くとも文句も言わず、自分の労力と時間をすべて仕事に捧げるので、「燃えつき症候群」になりやすかったのです。

仕事を天職だと感じるのは、諸刃《もろは》の剣《つるぎ》でもあったのですね。

人間はロボットではありませんから、そんなに全力を出していたら、疲労困憊するに決まっています。こういう人ほど、燃えつき症候群になったり、うつになったり、心筋梗塞を起こしたりするリスクが高まります。

「大好きな仕事をしながら死ぬことができるなら本望」という人もいるかもしれませんが、**少しでも長生きできるよう、たまには仕事の手も抜いてよいのではないでしょうか。**

日本人のサラリーマンには、根がまじめで、なかなか手抜きができない人も多いのではないかと思うのですが、うまく手抜きすることも本気で考えてみたほうがよいですよ。

タモリさんの教え 心身の健康のために、ときどき仕事の手を抜くことが大切

大きな夢を持たないほうが、老後の生活は楽しくなる

タモリさんの所属する事務所の社長である田辺昭知さんは、タモリさんに次のように語ったことがあるそうです。

「タモリ、俺は、お前が面白いと思う。もっと人気がでてもいいと思う。それがなんで、人気が爆発的にならないかって俺は、ズーっと考えてたんだけど、お前自身の気持ちのありかただって結論になったんだよ。クライスラーが欲しいとか、校倉造りの邸宅を田園調布に建ててえとか、そういった欲が、おまえにねえんじゃねえかって思うんだよ」

(高平哲郎　1980『星にスイングすれば』晶文社)

田辺さんのこの発言は、間違いです。

なぜかというと、読者のみなさんもご存知の通り、タモリさんはその後爆発的な人気者になりましたし、成功者にもなっているのですから。

タモリさんは成功する前も後も、大それた夢や欲求を持っていません。心理学的にいえば、これが正解なのです。

大きな夢を抱くのはよいのですが、その夢がかなわなかったら、どうでしょう。きっとものすごく落ち込んでしまうのではないかと思います。**失望や絶望を感じるくらいなら、最初から大きな夢など持たないほうがいい**のです。

それにまた、大きな夢を達成するためには、いろいろなことを犠牲にしなければなりません。

米国イリノイ大学のキャロル・ニッカーソンは、「アメリカン・ドリームのダークサイド」という論文を報告しています。大きな夢を持つことには、負の側面がつきまとうというのです。

ニッカーソンは、1976年に「あなたにとって、経済的に成功することはどれくらい重要ですか?」という質問をしていた21の大学の新入生を、約20年後に追跡調査してみたのです。

その結果、大学入学時点で「成功者になりたい！」と答えていた人ほど、20年後には収入が高いことがわかりました。大きな夢を持っている人ほど、たしかにお金持ちにはなれるようです。

ところが、ニッカーソンが人生満足度について調べたところ、仕事で成功した人ほど低くなることがわかりました。経済的に成功するために、家族のことや、プライベートな楽しみなどを犠牲にしなければならなかったためです。

たとえお金持ちになっても、味気ない人生を送らなければならないのだとすると本末転倒だと思いませんか。

そんなに大きな夢を持たなくてもいいのですよ。ほどほどの夢を持っていれば、それで十分なのです。

タモリさんの教え

大きな夢を持たなくても、人は幸せになれる

高齢者は期待をしないほど、人生満足度が高くなる

夢を持たないだけでなく、期待もしないほうがいいですね。

すべての物事に期待してはいけません。期待すると、うまくいかなかったときに落ち込むことになるからです。おかしな期待を持たなければ、うまくいかなくとも「まあ、そんなものだろうな」と軽く受け止めることができますし、もし幸運に恵まれてうまくいけば、「ラッキー」と喜ぶことができるからです。

タモリさんといえば、「笑っていいとも！」というお昼の番組の司会を１９８２年から２０１４年まで32年間もつづけました。すごいですよね。32年間。しかも生放送。このような偉業はタモリさんでなければ成し得ることはできなかったでしょう。

樋口毅宏さんは、タモリさんが「笑っていいとも！」を32年間も続けながら、普通の人ならおかしくなりそうなものなのに、そうならなかった理由として「期待しないこと」を挙げています。

「タモリが狂わないのは、自分にも他人にも何ひとつ期待しないから」

（樋口毅宏　2013『タモリ論』新潮新書）

期待しなければ、いちいち落ち込むこともありません。期待するのがいけないのです。

スイスにあるチューリッヒ大学のシュワント・ヘインズは、年齢と人生満足度の関連性を調べて、年配者のほうが人生満足度は高くなる傾向があることを突き止めました。

なぜ年配者ほど、人生満足度が高いのでしょうか。

ヘインズによると、年をとってくると、若い人や中年の人に比べて、大きなことを期待しなくなるため。年配者は、多くを期待しないほうがいいことを経験的に学習するのです。

満足というものは、期待と現実のギャップによって生まれます。大きな期待を持つほど、現実にはその通りにいかないことが多いので、ネガティブな気分になってしまうのです。

ヘインズの調査によると、21歳の人では、期待のほうが現実に得られるものより9・8％高く、期待通りにいかないために不満を感じてしまうようです。ところが68歳の人では、期待のほうが現実よりも4・5％低いので、満足度は高くなるのです。

何事もそうですが、おかしな期待を持つのはやめましょう。期待しないほうが、現実には思ったよりもうまくいくことのほうが多いので、うれしい気持ちになれますから。

タモリさんの教え

期待をしなければ、逆に物事はうまくいく

自己アピールをしない老人になろう

自分のよさをほかの人にわかってもらおうとして、必死に自己アピールをする人がいます。そういう人が好かれるのかというと、残念ながら、そういうことにはなりません。むしろ嫌われてしまいます。

カナダにあるブリティッシュ・コロンビア大学のデルロイ・ポーラスは、お互いに面識のない男女の124名の大学生を集めていくつかのグループになってもらい、1週間に20分、7週間にわたってミーティングをもってもらいました。

ポーラスは、毎回、グループのメンバーについての評価をしてもらったのですが、ナルシストタイプは最初のうちにはほかのメンバーから好印象を持たれました。ナルシストタイプは自己アピールがうまいので、これはなんとなく想像できます。地味で、引っ込み思案の人は自己アピールがヘタですので、最初のうちにはほかのメンバーからもそんなに高い評価をしてもらえませんでした。

ところが7週目が近づくと、この結果が逆転しました。ナルシストタイプは、「こいつって口だけだな」とか「軽薄な人なのね」というように、どんどん化けの皮がはがれていくのに対して、落ち着いた人は好意度がどんどん上がっていったのです。

結論としていえば、**あまり自己アピールはしないほうがいい**でしょう。

そのほうが謙虚に見えますし、お付き合いしていれば、自分のよさをそのうち相手にも必ずわかってもらえるはずですので、それを楽しみに待っていればいいのです。わざわざ自己アピールをする必要はありません。

タモリさんも、やはり自己アピールなどしません。

「タモリ倶楽部」の生みの親で、テレビ朝日の元取締役制作局長の故・皇達也さんは、タモリさんについて、こんなことを言っています。

「タモリさんと付き合った人なら誰でも同じことを言うでしょうが、彼には欲というものが一切ない。お金についてだけでなく、仕事面もそう。任された仕事はきっちりやってくれるものの、自分を売り込むようなことは決してしない」

（『Yahoo!ニュース』 2022年12月19日）

自分で自分のことを売り込もうとするのは、タモリさんの美学に反するのでしょう。たいていのタレントさんなら、仕事がほしくて必死に自己アピールすると思うのですが、タモリさんは逆なのですね。

自己アピールなどしなくとも、見てくれている人は見てくれています。そしてそういう奥ゆかしい人のほうが、現実には高く評価してもらえるものなのです。

タモリさんの教え

人付き合いで、自己アピールする必要はない

長寿の秘訣は、人と張り合わないこと

人と張り合っても、いいことは何もありません。人と張り合っても、イライラするのがオチですから、**なるべく競争しないような環境で生きていくのが長寿の秘訣**です。

ビジネスにおいては、競合他社があまりいないところで勝負をすることを「ニッチ戦略」と呼んでおりますが、私たちが目指すべきはまさしくこのニッチ戦略。

「どんなヘンタイビデオでも500本は売れます」

それをうけて糸井重里さんは、

「ようするに、タモリさんが言いたいのはどんなジャンルにも最低500人のファンがいる…」と。

（『ほぼ日刊イトイ新聞』 2009年1月1日）

タモリさんと糸井さんのやりとりが面白くて笑ってしまいますが、ようするにだれとも勝負しないようなところで生きていくのも、ひとつの方法だということです。

熾烈《しれつ》な競争をしなければならない状況というのは、精神的にものすごくキツイですよね。ですから、なるべく競争しない生き方をしたほうがいいのです。

仕事で成功する人は、なんとなく周囲の人たちを蹴散らしながら成功していくようなイメージがありますが、現実には仕事で成功する人ほど、周囲とは円満な関係を築く努力をしているものです。

同僚たちとガンガンぶつかり合って、競争をして勝ち上がっていくのではありません。もしそうしなければ出世も昇進もしないと思い込んでいるのなら、そういう思い込みはまったくの間違いであることを認識する必要があります。

ハーバード・ビジネス・スクールのボリス・グロイスバーグは、62の投資銀行のアナリストを調べ、面白い報告を行なっています。

トップクラスのアナリストほど、ほかの人と競争しながらトップクラスまで昇りつめていくようなイメージがなんとなくありますが、そうではないのです。実のところ、トップクラスのアナリストほど、同僚たちと円満な関係を築き、困ったときには同僚たちからサポートしてもらい、競争して神経をすり減らすようなことを「していなかった」のです。
グロイスバーグによりますと、トップクラスのアナリストが普通のアナリストよりも仕事で成功しているのは、同僚との関係がきわめて良好だからだそうです。私たちが考えているイメージとは逆ですね。

人と張り合ってよいことはほとんどありません。

なるべく競争しない生き方を考え、できるだけ周囲の人たちとの「和」を心がけたほうが何事もうまくいきますし、精神的にも健やかな生き方ができるでしょう。

タモリさんの教え できるだけ人と競争しないほうが、穏やかに生きられる

おかしな義務感を持たずに生活しよう

メリーワシントン大学のサブリナ・アスカリは、18歳から41歳の358名に、「理想の家事、育児の分担は？」と尋ねてみました。また現実の分担も尋ねてみました。

その結果、男性はというと、理想の分担はお互いにほぼ半分ずつでもいいと思っているのに、女性はというと、「家事も育児も、すべて自分がやらなければならない」と強い義務感を持っていることがわかりました。

女性は家事も育児も自分がやらなければと思い込んでいるのですが、夫にも「ちょっと手伝って」とお願いすればいいのですよ。たいていの男性は、手伝ってくれます。

なぜ家事も育児も男性が手伝わないかというと、奥さんにお願いされないからです。お願いされれば男性も分担する気持ちはあるのですが、お願いされないのでやらないのです。

私たちは、おかしな思い込みや義務感によって精神的にまいってしまうことが多いのですが、自分で何でも抱え込むのをやめましょう。

仕事もそうです。何でも自分でやらなければならないと思うから苦痛に感じるのです。「自分は上司なのだから、先輩なのだから、これこれを自分でやらなければならない」などと思い込んで仕事をしているから、疲れるのです。

ほかの人にも肩代わりしてもらえないかと、素直に頭を下げてお願いしてみれば、たいていの人は快く応じてくれるのに、それをしないで自分で自分の首を絞めている人がたくさんいるのです。

「○○すべき」「○○しなければならない」と思い込むのをやめましょう。そういう思い込みをやめるだけで、心はスッキリすると思います。

> 「こうあるべきとか位置づけると不幸ですよ。ここまで、どうあるべきでやってきたわけじゃないからね」
>
> （『ほぼ日刊イトイ新聞』2003年12月24日）

タモリさんは、「自分が番組の司会者なのだから、だれよりも張り切って取り組まなければならない」などと考えて仕事をしているのでしょうか。いいえ、違います。その証拠に、タモリさんはほかのゲストにたくさん話させて、自分は聞き役でほんの少しコメントするだけにして、思いきり手を抜いています。

「○○すべき」という思考に陥って苦しい思いをしている人は、本当に自分がそれをやらなければならないのか、ちょっと立ち止まって考えてみるといいですね。たいていの場合、本当に自分がやらなければならないかというと、そんなこともないことがわかると思いますよ。

タモリさんの教え

「○○すべき」の思い込みをやめると、人生はラクになる

人生の後半は、「無責任人間」になるのも悪くない

うつになりやすい人は、悪いことをすべて自分の責任に帰してしまうという思考プロセスをとりがちです。

「グループの成績が落ちたのは俺のせいだ……」
「今回の失敗はすべて私の責任……みんなに申し訳ない……」

うつ病になりやすい人はだいたいこんな感じで、何でもかんでも自分が悪いと思い込んでしまう傾向があるのです。

ですので、もちろん時と場合にはよるのですけれども、**たとえミスをしても「私のせいじゃない」とほかの原因に責任をなすりつけてしまうのも、ひとつの手。**自分のせいじゃないと思えれば、心が落ち込むことはありませんからね。

タモリさんは、たとえ番組が盛り上がらなくともそんなに反省も気落ちもしませんが、それはうまく「責任逃れ思考」をしているから。

「ぼくなんか、大人になりきれない『ピーターパン症候群』。家庭でも仕事でもすべて責任あるところから逃れ出ようとしている。番組で失敗すればディレクターやプロデューサーのせいにするわ、受けなきゃ客のせいにするわ…」

（『現代』1989年7月号 p346）

タモリさんは見事なほどに「俺は悪くない！」という思考をとっていることがわかりますね。こういう思考は、落ち込みやすい人ほど見習いたいものです。

南アラバマ大学のエレン・ラッドによりますと、心理テストでナルシスト得点の高い人は、あまり気分が落ち込んだりしないそうです。

どうしてナルシストほど気分が落ち込まないのかというと、よいことは「自分のおかげ」、悪いことは「ほかの人のせい」という思考をとっているからだ、ということをラッドは突き止めました。ナルシストの人は、まことに自分に都合のいい解釈をするのがうまいので、抑うつになりにくいのです。

生まじめで、責任感の強い人は、なかなかそんなふうには思えないかもしれませんが、**何でもかんでも自分に原因を求めるのをやめましょう。** すべてをやめるのは難しいかもしれませんが、少しずつでもそういう思考を控えるようにしましょう。

うつの度合いがひどくなると、「今日の天気が悪いのは、私が雨男だからだ」などと、自分の責任などまったくないはずのことでさえ自分に責任を求めてしまうので、心が苦しく感じるのです。

もっと無責任でもいいのです。

もちろん、程度問題もありますが、タモリさん、あるいは高田純次さんを見習って、少しだけ「無責任人間」になりたいものです。

タモリさんの教え よいことは「自分のおかげ」、悪いことは「他人のせい」と考える

シニアになったら、とりあえず何でもやってみる

タモリさんが漫画家の赤塚不二夫さんと親子のような、あるいは兄弟のような親密な付き合いをしていたことはよく知られておりますが、タモリさんは赤塚さんが何を命じても、喜んで何でもホイホイと聞いていたそうです。

「カゼをひいた、中国のターザンをやれ」「大河内伝次郎が英語をしゃべり、ソ連の宇宙船に乗って、ベトナム語を話すテレシコワとケンカしたのを、寺山修司に解説させろ！」なんていう、メチャクチャな注文を、じつにみごとにこなした。

（『文藝別冊　総特集タモリ』2014　KAWADE夢ムック）

赤塚さんの注文もとんでもないですが、それに応えるタモリさんもタモリさん。お２人が

大の仲良しだということがよくわかるエピソードですよね。

さて、仕事に関して言うと、かりにとんでもない依頼がなされても、みなさんもホイホイと応じるようにしたほうがいいですよ。難しい仕事でも、あきらかに自分にとっては実力不足だと思うような仕事でも、命じられたら何でも「イエス」。これが正しい姿勢です。

とりあえず依頼を引き受けて、それからゆっくりと「さて、どうやってこなせばいいのか」を考えればいいのです。

スティーブ・ジョブズは、まだ完成していない商品でも平気で売り込みをかけ、相手にOKをもらってから全力で開発して間に合わせていたといいます（バリー・J・ギボンズ著、金井真弓訳、『みんな変わり者だった』〈ディスカヴァー・トゥエンティワン〉）。

とりあえず何でもホイホイと引き受けて挑戦してみましょう。

シカゴ大学のスーザン・コバサは、32歳から65歳のミドルマネジャーを対象にした調査で、何にでも挑戦する人ほどストレスを感じにくいことを突き止めています。**大変なことから逃げ回るよりは、むしろ「いっちょやってみるか！」という気持ちでいたほうが、かえってストレスは感じにくくなる**のです。

タモリさんは、どんな注文でも喜んで引き受けてしまいます。それからほかの人には見えないようにこっそりと努力をして、どうにか形にしてしまう名人なのです。そういうメンタリティでいるので、ストレス耐性がついてきたのかもしれません。

かくいう私も、どんなテーマで仕事の依頼がきても、基本的には断らないようにしています。断るのはどうしてもスケジュール的にムリな依頼だけです。自分の専門とは違うテーマの本を書かなければならないのはかなりのストレスですが、「面白そうじゃないか」と思うようにすると、けっこう何とかなります。

タモリさんの教え

「とりあえずやってみよう」の気持ちが、ストレスを減らす

努力していれば、老後の人生も報われる

スポーツでも、音楽でも、ビジネスでも、アカデミックな世界でも、愚直にひとつのことに取り組んでいれば成功します。

「1万時間の法則」と呼ばれる法則があるのを、読者のみなさんはご存知でしょうか。マルコム・グラッドウェルの『天才！ 成功する人々の法則』（講談社）で有名になった法則なのですが、どんな分野においても1万時間も愚直に練習をつづければその道のトップになれるという法則です。

1日に4時間、それを1年に250日、それを10年間つづけるとだいたい1万時間になります。それくらい努力を継続すれば、だれでも一流の人間になることができるのです。

「う～ん、1万時間かあ……」と気の遠くなるように感じる人がいるかもしれませんが、愚直に取り組んでいればそのうち到達できます。

タモリさんは、努力にあまり価値を置いていないような発言をすることはありますが、そ

れでも努力を継続することを軽視しているかというと、そうではありません。

「マスターがカウント・ベイシーが大好きで大好きで、店名も『ベイシー』と付けた店があるんだよ。東京からずっと離れた田舎の店なんだけど、オープンから20年経って、なんと、ベイシーがその店に来たんだ。自分の名前をつけてる店が日本にあるという話が回りまわって本人の耳にも入ったってことなんだよな」

（『Yahoo!ニュース』 2013年9月13日）

「努力していれば、その努力は必ず報われるんだよ」ということをタモリさんは言いたいのでしょう。まさしく1万時間の法則が示す通りです。

「私は、才能なんてないのですが、それでも今の仕事に1万時間も取り組めばモノになりますか?」と感じる人もいるでしょうが、その答えはもちろん「イエス」。**才能なんて関係ありません。努力の量によって決まります。**

コロラド大学のアンダース・エリクソンは、ウエスト・ベルリン音楽アカデミーの教授に、「将来有望なバイオリニストの名前を挙げてほしい」とお願いする一方で、生徒に自己練習の時間を聞いてみました。

その結果、教授たちが「こいつはモノになる」と名前を挙げた生徒の1日の練習時間は平均3・5時間だったのに、ごく普通の生徒は一日に1・3時間しか自己練習をしていないことがわかりました。

音楽の世界というと、なんとなく才能やセンスで決まるように思えますが、そうではないようです。人の2倍も3倍もやっていれば、しかもそれを愚直に継続していればこそ、成功するのです。

タモリさんの教え

努力していれば、その努力は必ず報われる

後半生から何かを始めるときは、1つずつやる

俳優、歌手、司会、声優など幅広い活動をしている人をマルチタレントと呼びますが、タモリさんもまさしくマルチタレント。

しかし、タモリさんは別に最初からマルチタレントを目指していたわけではないそうです。気づいたらそうなっていた、というのが実際のところらしいですね。

「オレなんかよくマルチ人間て言われてるけど、そんなに幅広く仕事してきた意識まるでないの。（中略）大体、何も目指してない。運がよくて、偶然でこうなっちゃった。こっちのほうからある仕事がきて『じゃあやってみよう』、あっちからきて『それもおもしろそう』で、それを合わせて、また何かやったりして」

（『non-no』 1982年1月5日号 p48）

タモリさんは、仕事の依頼を基本的に断りません。いろいろな仕事を任せてもらっているうちに、なんとなくマルチタレントになってしまった、というのが実情です。

そこで今回は、マルチで活躍できる人間になるための方法を探ってみましょう。

いろいろな分野で活動するときのコツは、あれやこれやにいっぺんに手を出すのではなく、1つずつやること。タモリさんだって、いきなりマルチタレントになったのではありません。1つずつこなしていくうちに、いつの間にか「マルチ人間」と呼ばれるようになったのです。

あれやこれやにいっぺんに手を出そうとすると、結局はどれもが中途半端になってしまい、うまくいきません。ですので、目標を立てて努力するときには、1つずつのほうがよいわけです。

香港科技大学のアミー・ダルトンは、68名のビジネススクールのスタッフに、1つ、または6つの目標を立ててもらい、その達成率を調べてみました。

その結果、目標が1つなら達成できても、目標が6つもあると達成できないことがわかりました。いきなりいろいろなことをやろうとすると、どれもがうまくいかなくなってしまうのですね。

マルチ人間になるコツは、とにかく1つに絞ってそこに全精力を傾けることです。完璧にモノになったところで、次の目標を決めるのです。1つ目がまだうまくできないのに、すぐに2つ目、3つ目のことをやろうとしてはいけません。

タモリさんの教え

目標を立てて何かをやるときは、1つずつやってみる

ほかの人の悪口は言わないほうがいい

ほかの人の悪口や陰口は絶対に言わないほうがいいですよ。

「口は禍《わざわい》の元」とはよく言ったもので、**ほかの人の話をしていると、かなり曲解されて本人に伝わることが多い**からです。

「私は、○○さんがどちらかというと少しだけ苦手なタイプ」と話しても、それを聞いた人がほかの人に伝えていくうちに、まったく違ってきてしまうことはよくあります。

伝言ゲームを考えてみればわかりやすいのですが、もともとは「少しだけ苦手」という発言だったのに、いつの間にか「死ぬほど苦手」「殺意を覚えるほど嫌い」に変わってしまうものです。

タモリさんは、何でも思ったことを口に出してしまうようなイメージがあるのですが、言葉には非常に慎重であるみたいですね。

「ほんとにもう、取材されてもね、どういうふうに扱われるか分かんないからね、慎重にならざるを得ない。ニュアンスが伝わらないでしょう。〔冗談のつもりで悪口を言ったのが活字になると、ものすごいことになったりする」

（『non-no』 1982年6月5日号 p54）

他人のことは悪く言わないほうがいいです。

「悪事千里を走る」ということわざもありますが、ネガティブなゴシップなどは、ポジティブなゴシップに比べて、あっという間に広がりますからね。

マサチューセッツ工科大学のソローシュ・ボサージは、２００６年から２０１７年までの「うわさの拡散」について、約12万６０００のツイートを調べてみたことがあります。

その結果、誤ったニュースのほうが、真実のニュースより拡散が早いことがわかりました。また、誤ったニュースは最大10万人に広がるのに、正しいニュースは１０００人ほどにしか伝わらないこともわかりました。

他人のうわさのようなものも、特に悪いゴシップなどは、あっという間に広がってしまいますから、相当に気をつけなければなりません。

後になって、「そういうつもりじゃなかった」と弁解しようとしても、すでに時遅しというもので、誤った発言のほうがどんどん広がっていくのです。

現代ではすぐにネットで拡散してしまうことを考えれば、**最初からほかの人のことは悪く言わない、という厳しい自分ルールを作って行動すべき**です。だれのことも悪く言うことがなければ、広がりもしませんからね。

タモリさんの教え 「悪口は絶対に言わない」という自分ルールを作る

アドバイスはしない、されても適当に聞き流しておく

十人十色という言葉もありますが、私たちはみなほかの人とは少しずつ違っています。個人差があるのです。

そのためAさんにとってはよいアドバイスでも、Bさんにとってはまったく役に立たない、ということはよくあります。

もし**誰かからアドバイスをもらっても、それが「自分には合わないな」と感じるのなら、適当に聞き流しておくのがよい**でしょう。まともに耳を貸す必要はありません。殊勝な顔をして、「はい、はい」と聞いている〝フリ〟をするだけでよいのではないかと思います。

オリックス時代のイチローは、自分で編み出した振り子打法にこだわり、球団のバッティングコーチの言うことは聞きませんでした。

コーチから、「これが最後のチャンスだ。俺の言うことを聞くのなら教えてやる。聞かな

いのなら勝手にやれ」と言われたときにも、イチローはきっぱりと「聞きません」と宣言し、次の日から二軍に落ちたそうです（児玉光雄『ガーフィールド博士の最高の自分を引きだす方法』ＫＡＷＡＤＥ夢新書）。

さすがにイチローのように面と向かって拒絶するのは考えものだとは思いますが、自分に合わないアドバイスは、適当に聞いたフリをして流しておけばよいと思います。

タモリさんは、若い人にもアドバイスをしませんし、自分でもあまり聞かないようです。

「若者と経験積んだ大人とじゃ、全然違う考え方をするのは当たり前のことだもの。俺たちも青年のころ、『今の若いものは』なんていわれると、『なんだ、この野郎』って思ってたよな」

（『JUNON』1989年8月号　p153）

これが正しい姿勢です。人はみな違うのですから、自分の考えを押しつけてはならないのです。

ノース・カロライナ大学のフランセスカ・ジーノは、私たちは自分と似ている人のアドバイスは受け入れても、そうでない人のアドバイスは受け入れないことを実験的に確認しました。

私たちは、年齢、性別、学歴などで自分と共通点がある人のアドバイスは「なるほど！」と受け入れるのに、自分とあまり共通点のない人のアドバイスは、「何を言っているんだろう、この人」と心理的に拒絶してしまうのです。

私たちは、自分が受け入れられることしか受け入れませんから、**人にアドバイスをされたときには、「ふむ、ふむ」と聞いているようなフリをして、実際には適当に聞き流しておけばよい**と思います。

タモリさんの教え

人からのアドバイスは、適当に聞いたフリをしておく

何事も最初にやれば、失敗しない

最近は、ハラスメントの問題などもあり、上司から無茶苦茶なことを言われなくなってきましたが、忘年会であるとか、お花見会であるとか、職場のイベントで何か余興をやれといわれたら、最初にやってしまったほうがいいでしょう。みんなでカラオケに行ったとき、何か歌えと言われたら、うまいとかヘタはどうでもいいので、真っ先にマイクを握ってしまったほうがいいです。

とにかく最初にやってしまえば、少なくとも場を盛り下げることはありませんし、ほかの人たちに悪い評価をされることもありません。**一番にやるのが一番**です。

タモリさんはお弟子さんをとりませんが、ムリヤリに付き人になった岩井ジョニ男さんは、付き人時代にタモリさんから教えてもらったことがあるといいます。それは次のようなことです。

「何かやれって言われたら、すぐにやったほうがいいぞ。どんなうまい料理も冷めたらまずいんだから。自信がなければないほど早くやれ」
（『FLASH臨時増刊』2014年1月30日号 p31）

最初にやれば、うまいとかヘタにかかわらず、だれの脳裏にもインパクトを与えることができます。心理学では、これを**「初頭効果」**と呼んでいます。最初にやれば、一番大きな影響を与えることができるのです。

カナダにあるブロック大学のアントニア・マントナキスは、ワインのテイスティングだという触れ込みのインチキな実験を仕組んで広告で参加者を募集しました。こうして集まった142名に、条件によって2、3、4、5本のワインのテイスティングをお願いし、25秒の間隔で味わってもらって、何番目を好むかを聞いてみました。なお、実際には中身はすべて同じワインです。

すると、2本の比較のときには最初を好むのが約70%、3本のときに1本目を好むのは約60%、4本のときに1本目を好む人は約50%、5本のときには1本目を好む人が約40%という結果になりました。

同じ中身のワインでも、最初に口に含んだものが一番好まれることがわかりました。見事な初頭効果だといえます。

お客さまが複数の会社に仕事の依頼を持ちかけ、企画書や提案書を持ってきてほしいとコンペのような形になったときには、真っ先に企画書を書き上げて、一番に持っていくべきです。そのほうが熱意を買ってもらえますし、内容にかかわらず、「お宅さんに頼もうかな」と言ってもらえる確率がグッとアップするはずです。

タモリさんの教え
何かをやるときには、一番最初にやると失敗しない

COLUMN

人をホメるときは、「ごくたまに」でいい

人をホメることは大切ですが、あまりに頻繁にホメていると、せっかくの効果が弱くなってしまいます。「社交辞令でホメてくれているのかな?」と裏読みされてしまうこともあるかもしれません。

人をホメるときは、ごくたまにでもいいのですよ。

普段、まったくホメてくれない人がまれにホメてくれると、「おおっ!」と相手も思いますし、うれしさも倍加されるのです。ホメ言葉は、ごくたまにサプライズのようにするからこそ効果的なのです。

結婚してから一度もホメてくれなかった配偶者が、「いつもすまんな」とポツリとねぎらいの言葉をかけるからこそ、相手はうれしいのです。「あ、この人は照れ屋さんだから何も言わないけど、ずっとそう思ってくれていたのね」ということがわかるからです。

タモリさんは、なんとなく調子よく人のことをホメそうな印象もありますが、「新しい地図」の草彅剛さんによると、そうでもないそうです。草彅さんは言います。

「タモリさんって、人を否定しないけど、褒めることもほとんどないんです」

（『文藝春秋』2022年1月号 p311）

同じ記事内で、草彅さんは、「ブラタモリ」のナレーションのとき、「よかったよ、ナレーション」というメールをタモリさんからもらって感激したことも語っています。

オランダのライデン大学のルース・フォンクによりますと、予期せぬ行動は人に強いインパクトを与えます。普段ホメない人が、ごくまれに「いいじゃないか」と言ってくれると相手はうれしいのです。逆に、普段は親切な人なのに、ごくまれに冷たいことをすると、余計に嫌われることもあるので注意が必要だともフォンクは指摘しています。

日本人は、あまり人をホメるという習慣がなく、あまりホメない人のほうが圧倒的に多いのではないかと思います。

相手の目を見つめながらホメようとしても、照れてしまってうまく言えないという人もたくさんいるでしょう。私も、どちらかというとホメるのが気恥ずかしくてできないタイプです。

ホメるのが苦手な人は、そんなにしょっちゅうホメなくてもかまいません。ただし、ごくまれにはホメてあげてください。

たまのホメ言葉のほうが、予期せぬサプライズとなり、相手には喜んでもらえるでしょうから、むしろそのほうがよいとさえ言えます。

あとがき

私はほとんどテレビを見ません。ところがなぜか高校生のときに「タモリ倶楽部」をなんとなく見始めたのがきっかけで、番組が終了するまで30年も見続けてしまいました。タモリ倶楽部は金曜の夜に放送されていたのですが、タモリ倶楽部を見るたび、「ああ、今週も終わったなあ……」という気分になったものです。

私にとってのタモリさんとは、タモリ倶楽部に出てくるゆるい感じのおじさんというイメージなのですが、何を考えているのかよくわからないので、そんなところに興味が引かれます。

私自身は、タモリさんとはまったく何の面識もありませんので、今回の執筆にあたって、雑誌での本人のインタビューや、知人たちの証言や、タモリさんについて書かれた書籍などを参考にしました。

徹底的に調べてはみたものの、やはりタモリさんという人物がよくわからないままでした。一言であらわすことができないほど、タモリさんには深みがあるというか、奥行きがあるというか、ミステリアスな部分が多いのですよね。

さて、本書はそんなタモリさんに「生き方」を学ぶというスタンスで執筆しました。タモリさんのように素敵な老後を迎えるためには、どうすればいいのかという問題について、心理学的にいろいろと分析してみたのが本書です。

ここまでお読みくださったみなさまにはわかってもらえると思うのですが、タモリさんが自然にやっている行動や思考パターンは、ストレスを感じず、のびのびと生きていく上で心理学の観点からしても非常に有益です。つまり、科学的な裏づけのある長生きの極意のようなものを、タモリさんはごく自然に実践しているのです。

ぜひ本書を参考にして、読者のみなさまも健やかで、悩みのない人生を歩んでください。

これが著者としての私の最後のアドバイスになります。

本書の執筆にあたっては廣済堂出版編集部の伊藤岳人さんにお世話になりました。この場を借りてお礼を申し上げます。

実は、伊藤さんとは過去にも一緒に協力してタモリさんの本を作らせていただいたことがあります（『なぜ、タモリさんは「人の懐」に入るのが上手いのか？』）。本書のいたるところに「タモリ愛」のようなものが感じられるとしたら、それは著者の私も編集者の伊藤さんも、2人ともタモリさんの大ファンであるからでしょう。本書の執筆は非常に楽しいものでした。
　最後になってしまいましたが、読者のみなさまにもお礼を申し上げます。最後までお付き合いいただき、本当にありがとうございました。またどこかでお目にかかれることを願って、筆を置かせていただきます。

内藤誼人

参考文献

- Askari, S. F., Liss, M., Erchull, M. J., Staebell, S. E., & Axelson, S. J. 2010 Men want equality, but women don't expect it : Young adults' expectations for participation in household and child care chores. Psychology of Women Quarterly ,34, 243-252.
- Aspinall, P., Mavros, P., Coyne, R., & Roe, J. 2015 The urban brain: Analysing outdoor physical activity with mobile EEG. British Journal of Sports Medicine ,49, 272-276.
- Ayduk, O. & Kross, E. 2008 Enhancing the pace of recovery. Self-distanced analysis of negative experiences reduces blood pressure reactivity. Psychological Science ,19, 229-231.
- Bakker, A. B., & Schaufeli, W. B. 2000 Burnout contagion processes among teachers. Journal of Applied Social Psychology ,30, 2289-2308.
- Baltes, M. M. & Lang, F. R. 1997 Everyday functioning and successful aging: The impact of resources. Psychology and Aging ,12, 433-443.
- Bégue, L., Bushman, B. J., Zerhouni, O., Subra, B., & Ourabah, M. 2013 Beauty is in the eye of the beer holder: People who think they are drunk also think they are attractive. British Journal of Psychology ,104, 225-234.
- Bleske-Rechek, A., Remiker, M. W., & Baker, J. P. 2008 Narcissistic men and women think they are so hot – but they are not. Personality and Individual Differences ,45, 420-424.
- Bunderson, S. & Thompson, J. A. 2009 The call of the wild: Zookeepers, callings, and the double-edged sword of deeply meaningful work. Administrative Science Quarterly ,54, 32-57.
- Carroll, D., Ebrahim, S., Tilling, K., Macleod, J., & Smith, G. D. 2002 Admissions for myocardial infarction

and World Cup football: Database survey. British Medical Journal ,325, 1439-1442.
●Carstensen, L. L., Pasupathi, M., Mayr, U., & Nesselroade, J. R. 2000 Emotional experience in everyday life across the adult life span. Journal of Personality and Social Psychology ,79, 644-655.
●Cash, T. F., Dawson, K., Davis, P., Bowen, M., & Galumbeck, C. 1989 Effects of cosmetics use on the physical attractiveness and body image of American college women. Journal of Social Psychology ,129, 349-355.
●Csikszentmihalyi, M. 1999 If we are so rich, why aren't we happy? American Pshychologist ,54, 821-827.
●Dalton, A. N. & Spiller, S. A. 2012 Too much of a good thing: The benefits of implementation intentions depend on the number of goals. Journal of Consumer Research ,39, 600-614.
●Damisch, L., Stoberock, B., & Mussweiler, T. 2010 Keep your fingers crossed! How superstition improves performance. Psychological Science ,21, 1014-1020.
●Drummond, P. D., & Bailey, T. 2013 Eye contact evokes blushing independently of negative affect. Journal of Nonverbal Behavior ,37, 207-216.
●Emmons, R. A., & McCullough, M. E. 2003 Counting blessings versus burdens: An experimental investigation of gratitude and subjective well-being in daily life. Journal of Personality and Social Psychology ,84, 377-389.
●Ericsson, K. A., Krampe, R. T., & Tesch-Romer, C. 1993 The role of deliberate practice in the acquisition of expert performance. Psychological Review ,100, 363-406.
●Fry, P. S., & Debats, D. L. 2009 Perfectionism and the five-factor personality traits as predictors of mortality in older adults. Journal of Health Psychology ,14, 513-524.
●Gino, F., Shang, J., & Croson, R. 2009 The impact information from similar and different advisors on

judgment. Organizational Behavior and Human Decision Processes ,108, 287- 302.

●Gross, J. J., Carstensen, L. L., Tsai, J., Skorpen, C. G., & Hsu, A. Y. C. 1997 Emotion and aging: Experience, expression, and control. Psychology and Aging ,12, 590-599.

●Groysberg, B., & Lee, L. E. 2008 The effect of colleague quality on top performance: The case of security analysts. Journal of Organizational Behavior ,29, 1123-1144.

●Hannes, S. 2016 Unmet Aspirations as an explanation for the age U-shape in wellbeing. Journal of Economic Behavior & Organization ,122, 75-87.

●Henagan, S. C., & Bedeian, A. G. 2009 The perils of success in the workplace: Comparison target responses to coworkers' upward comparison threat. Journal of Applied Social Psychology ,39, 2438-2468.

●Hewitt, J., & German, K. 1987 Attire and attractiveness. Perceptual and Motor Skills ,64, 558.

●Hull, J. G. 1981 A self-awareness model of the causes and effects of alcohol consumption. Journal of Abnormal Psychology ,90, 586-600.

●Joel, S., Teper, R., & MacDonald, G. 2014 People overestimate their willingness to reject potential romantic partners by overlooking their concern for other people. Psychological Science, 25, 2233-2240.

●Jordan, J. L. 1990 Performance appraisal satisfaction and supervisors' traits. Psychological Reports ,66, 1337-1338.

●Keltner, D., Young, R. C., & Buswell, B. N. 1997 Appeasement in human emotion, social practice, and personality. Aggressive Behavior ,23, 359-374.

●Knight, T. & Ricciardelli, L. A. 2003 Successful aging: Perceptions of adults aged between 70 and 101 years. International Journal of Aging ,56, 223-245.

●Kobasa, S. C., Maddi, S. R., & Kahn, S. 1982 Hardiness and health: A prospective study. Journal of

Personality and Social Psychology ,42, 168-177.
●Koch, S. C., Morlinghaus, K., & Fuchs, T. 2007 The joy dance. Specific effects of a single dance intervention on psychiatric patients with depression. The Arts in Psychotherapy ,34, 340-349.
●Koydemir, S., & Demir, A. 2008 Shyness and cognitions: An examination of Turkish university students. Journal of Psychology ,142, 633-644.
●Ladd, E. R., Welsh, M. C., Vitulli, W. F., Labbe, E. E., & Law, J. G. 1997 Narcissism and causal attribution. Psychological Reports ,80, 171-178.
●Levine, M., Prosser, A., & Evans, D. 2005 Identity and emergency intervention: How social group membership and inclusiveness of group boundaries shapes helping behavior. Personality and Social Psychology Bulletin ,31, 443-453.
●Lester, D. 2005 The "Birthday blues" In a sample of major league baseball players' suicides. Perceptual and Motor Skills ,101, 382.
●Linville, P. W. 1987 Self-complexity as a cognitive buffer against stress-related illness and depression. Journal of Personality and Social Psychology ,52, 663-676.
●Luong, G., Charles, S. T., & Fingerman, K. L. 2011 Better with age: Social relationships across adulthood. Journal of Social Personal Relationships ,28,, 9-23.
●MacEwen, K., & Barling, J. 1993 Type A behavior and marital satisfaction: Differential effects of achievement striving and impatience irritability. Journal of Marriage and the Family ,55, 1001-1010.
●Mantonakis, A., Rodero, P., Lessehaeve, I., & Hastie, R. 2009 Order in choice: Effects of serial position on preferences. Psychological Science ,20, 1309-1312.
●Millis, S. R., Jain, S. S., Eyles, M., Tulsky, D., Nadler, S. F., Foye, P. M., Elovic, E., & Delisa, J. A. 2002

Assessing physicians' interpersonal skills. Do patients and physicians see eye-to-eye? American Journal of Physical Medicine and Rehabilitation ,82 (12), 946-951.

●Newman, G. E., Lockhart, K. L., & Keil, F. C. 2010 "End-of-life" biases in moral evaluations of others. Cognition ,115, 343-349.

●Nickerson, C., Schwarz, N., Diener, E., & Kahneman, D. 2003 Zeroing in on the dark side of American dream: A closer look at the negative consequences of the goal for financial success. Psychological Science, 14, 531-536.

●O'Neil, A., Berk, M., Itsiopoulos, C., Castle, D., Opie, R., Pizzinga, J., Brazionis, L., Hodge, A., Mihalopoulos, C., Chatterton, M. L., & Dean, O. M. 2013 A randomized, controlled trial of a dietary intervention for adults with major depression (the "SMILES" traial): Study protocol. BMC Psychiatry, 13, 114.

●Park, C. L. & Levenson, M. R. 2002 Drinking to cope among college students: Prevalence, problems and coping processes. Journal of Studies on Alcohol ,63, 486-497.

●Paulhus, D. L. 1998 Interpersonal and intrapsychic adaptiveness of trait self-enhancement: A mixed blessing. Journal of Personality and Social Psychology ,74, 1197-1208.

●Pfeffer, J., Cialdini, R. B., Hanna, B., & Knopoff, K. 1998 Faith in supervision and the self-enhancement bias: Two psychological reasons why managers don't empower workers. Basic and Applied Social Psychology ,20, 313-321.

●Piko, B. F., Keresztes, N., & Pluhar, Z. F. 2006 Aggressive behavior and phychosocial health among children. Personality and Individual Differences ,40, 885-895.

●Pilkonis, P. A. 1977 The behavioral consequences of shyness. Journal of Personality ,45, 596-611.

●Pillai, J. A., Hall, C. B., Dickson, D. W., Buschke, H., Lipton, R. B., & Verghese, J. 2011 Association of crossword puzzle participation with memory decline in persons who develop dementia. Journal of the International Neuropsychological Society ,17, 1006-1013.

- Rodin, J., & Langer, E. J. 1977 Long-term effects of a control-relevant intervention with the institutionalized aged. Journal of Personality and Social Psychology ,35, 397-402.
- Rodriguez, M. A., Xu, W., Wang, X., & Liu, X. 2015 Self-acceptance mediates the relationship between mindfulness and perceived stress. Psychological Reports ,116, 513-522.
- Ronen, S., & Baldwin, M. W. 2010 Hypersensitivity to social rejection and perceived stress as mediators between attachment anxiety and future burnout: A prospective analysis. Applied Psychology: An international review ,59, 380-403.
- Root-Bernstein, R., Allen, L., Beach, L., Bhadula R., Fast, J., Hosey, C., Kremkow, B., Lapp, J., Lonc, K., Pawelec, K., Podufaly, A., Russ, C., Tennant, L., Vrtis, E., & Weinlander, S. 2008 Arts foster scientific success:Avocations of Nobel, national academy, royal society, and sigma Xi members. Journal of Psychology of Science and Technology ,1, 51-63.
- Rudd, M., Vohs, K. D., & Aaker, J. 2012 Awe expands people's perception of time, alters decision making, and enhances well-being. Psychological Science ,23, 1130-1136.
- Rymal, A. M., Martini, R., & Ste-Marie, D. M. 2010 Self-regulatory processes employed during self-modeling: A qualitative analysis. The Sport Psychologist ,24, 1-15.
- Sandstrom, G. M., & Dunn, E. W. 2014 Social interactions and well-being: The surprising power of weak ties. Personality and Social Psychology Bulletin ,40, 910-922.
- Schindler, P., & Thomas, C. C. 1993 The structure of interpersonal trust in the workplace. Psychological Reports ,73, 563-573.

- Schoemann, A. M., & Branscombe, N. R. 2011 Looking young for your age: Perceptions of anti-aging actions. European Journal of Social Psychology ,41, 86-95.
- Scott, V. B. Jr., & McIntosh, W. D. 1999 The development of a trait measure of ruminative thought. Personality and Individual Differences ,26, 1045-1056.
- Selhub, E. M., Logan, A. C., & Bested, A. C. 2014 Fermented foods, microbiota, and mental health: Ancient practice meets nutritional psychiatry. Journal of Physiological Anthropology ,33, 2. Doi:10.1186/1880-6805-33-2.
- Shapiro, S. L., Oman, D., Thoresen, C. E., Plante, T. G., & Flinders, T. 2008 Cultivating mindfulness: Effects on well-being. Journal of Clinical Psychology ,64, 840-862.
- Smeets, E., Neff, K., Alberts, H., & Peters, M. 2014 Meeting suffering with kindness: Effects of a brief self-compassion intervention for female college students. Journal of Clinical Psychology ,70,794-807.
- Sprecher, S., Treger, S., & Wondra, J. D. 2013 Effects of self-disclosure role on liking, closeness, and other impressions in get-acquainted interactions. Journal of Social and Personal Relationships ,30,497-514.
- Stephan, Y., Sutin, A. R., & Terracciano, A. 2016 Feeling older and risk of hospitalization: Evidence from three longitudinal cohorts. Health Psychology ,35, 634-637.
- Strohmetz, D. B., Rind, B., Fisher, R., & Lynn, M. 2002 Sweetening the till: The use of candy to increase restaurant tipping. Journal of Applied Social Psychology ,32, 300-309.
- Taylor, A., Wright, H. R., & Lack, L. 2008 Sleeping-in on the weekend delays circadian phase and increases sleepiness the following week. Sleep and Biological Rrhythms, 6, 172-179.
- Tornstam, L. 1997 Gerotranscendence: The contemplative dimension of aging. Journal of Aging Studies , 11, 143-154.

- Tromholt, M. 2016 The facebook experiment: Quitting facebook leads to higher levels of well-being. Cyberpsychology, Behavior, and Social Networking ,19, 662-666.
- Unger, C. A., Busse, D., & Yim, I. S. 2017 The effect of guided relaxation on cortisol and affect: Stress reactivity as a moderator. Journal of Health Psychology ,22, 29-38.
- Verduyn, P., Ybarra, O., Resibois, M., Jonides, J., & Kross, E. 2017 Do social network sites enhance or undermine subjective well-being? A critical review. Social Issues and Policy Review ,11, 274-302.
- Vonk, R. 1993 The negativity effect in trait ratings and in open-ended descriptions of persons. Personality and Social Psychology Bulletin ,19, 269-278.
- Vonk, R. 1998 The slime effect: Suspicion and dislike of likeable behavior toward superiors. Journal of Personality and Social Psychology ,74, 849-864.
- Vosoughi, S., Roy, D., & Arai, S. 2018 The spread of true and false news online. Science ,359 (6380), 1146-1151.
- Waldman, D. A., & Avolio, B. J. 1986 A meta-analysis of age differences in job performance. Journal of Applied Psychology ,71, 33-38.
- Walker, W. R., Skowronski, J. J., & Thompson, C. P. 2003 Life is pleasant-and memory helps to keep it that way! Review of General Psychology ,7, 203-210.
- Webster, J. D. 2002 An exploratory analysis of a self-assessed wisdom scale. Journal of Adult Development ,10, 13-22.
- Wilson, R. S., Mendes de Leon, C. F., Barnes, L. L., Schneider, J. A., Bienias, J. L., Evans, D. A., & Bennett, D. A. 2002 Participation in cognitively stimulating activities and risk of incident Alzheimer disease. Journal of the American Medical Association ,287, 742-748.

タモリさんに学ぶ「人生のたたみ方」
70歳からの「しばられない生き方」のすすめ

2024年11月5日　第1版第1刷

著　者　内藤誼人
発行者　伊藤岳人
発行所　株式会社廣済堂出版
〒101-0052　東京都千代田区神田小川町
2-3-13 M&C ビル 7F
電話　03-6703-0964（編集）03-6703-0962（販売）
FAX　03-6703-0963（販売）
振替　00180-0-164137
https://www.kosaido-pub.co.jp/

印刷・製本　精文堂印刷株式会社

ブックデザイン　中濱健治
本文 DTP　株式会社明昌堂

ISBN978-4-331-52421-3 C0095